Wer hat keinen Anspruch auf Arbeitslosengeld I?

W0311744

- Wem aus wichtigem Grund fristlos gekündigt wurde.
- Wer eine zumutbare Beschäftigung ablehnt.
- Wer nicht bei der Arbeitsagentur für Arbeit erscheint, trotzdem er dazu aufgefordert wurde (erhält eine Sperre von 2 Wochen, in denen keine Leistung bezahlt wird).
- Wer zweimal eine Sperre erhalten hat, verliert seinen Anspruch komplett.

Welche Aspekte sind Bestandteil des Drei-Säulen-Modells der Alterssicherung?

- gesetzliche Alterssicherung
- betriebliche Altersversorgung
- private Vorsorge

Wozu dienen Kreditsicherungsgemeinschaften der Kammern?

Nenne in diesem Zusammenhang mögliche Arten der Kreditsicherung.

Kreditsicherungsgemeinschaften bürgen bei Geschäftsgründungsdarlehen.

Es gibt zum Beispiel folgende **Kreditsicherungsarten**:

- Sicherungsabtretung
- Grundschuld / Hypothek
- Bürgschaft (z. B. selbstschuldnerische Bürgschaft)
- Pfandrecht / Sicherungsübereignung

Was sind Sachmängel und welche Arten von Mängeln gibt es?

Sachmängel sind in § 434 BGB geregelt. Beispiele sind: Fehlerhafte Ware, Lieferung des falschen Produktes, Montagemangel, Falsche Werbeaussage, Lieferung in unzureichender Menge. Es gibt folgende **Arten von Mängel**:

- Qualitätsmängel (Mangel in der Güte und Beschaffenheit)
- Quantitätsmängel (Mangel in der Menge)
- Ausführungsmängel (Mangel in der Ausführung)
- Artmängel (Mangel in der Art)

Bei einem zweiseitigen Handelskauf muss ein Mangel **unverzüglich** gerügt werden. Am besten schriftlich!

Nenne die verschiedenen Arten bargeldloser Zahlung.

- Verrechnungsscheck
- Überweisung
- Dauerauftrag
- Lastschriftverfahren (Einzugsermächtigung, Abbuchungsauftrag)
- Geldkarte
- Bankkarte
- Kreditkarte

Worin unterscheidet sich der Pachtvertrag vom Mietvertrag?

Bei einem **Pachtvertrag** wird die Überlassung einer Sache und der Erträge („Fruchtziehung") gegen Entgelt vereinbart.

Beispiel: Ein Gastronom pachtet ein voll eingerichtetes Restaurant, bezahlt hierfür Pacht und darf die hiermit erwirtschafteten Erlöse behalten.

Bei einem **Mietvertrag** wird die Überlassung einer Sache gegen Entgelt vereinbart.

Beispiel: Ein Gewerbetreibender mietet Büroräume.

Was bedeutet Fixkauf,
Kauf auf Probe,
Kauf nach Probe und
Kauf auf Abruf?

Bei einem **Fixkauf** wird Ware bestellt und es wird ein fester Liefertermin vereinbart.

Bei einem **Kauf auf Probe** hat der Käufer die Möglichkeit, innerhalb einer Frist die Ware zurückzugeben.

Bei einem **Kauf nach Probe** wird zunächst eine Warenprobe / ein Warenmuster geliefert.

Bei einem **Kauf auf Abruf** wird eine bestimmte Menge bestellt und in Teilmengen abgerufen.

Was sind Individualbedürfnisse,
Kollektivbedürfnisse,
Existenzbedürfnisse,
Kulturbedürfnisse und
Luxusbedürfnisse?

Individualbedürfnisse basieren auf Wünschen Einzelner und können jeweils selbst befriedigt werden (z. B. Einkauf).

Kollektivbedürfnisse beruhen auf Wünschen vieler Menschen und können nur von einer Gemeinschaft befriedigt werden (z. B. Bedürfnis nach Sicherheit).

Existenzbedürfnisse sind lebensnotwendig (z. B. Nahrung).

Kulturbedürfnisse sind nicht lebensnotwendig, jedoch oft unentbehrlich (z. B. Bildung, Schulen).

Luxusbedürfnisse sind weder lebensnotwendig noch unentbehrlich (z. B. Schmuck).

Was bedeutet Dividende?

Damit ist der **Gewinn einer Aktiengesellschaft** gemeint, der an die Aktieninhaber (Anteilseigner) ausgeschüttet wird.

Wie ist die Gewinnverteilung bei einer AG geregelt?

Nach Festsetzung der Gewinnverwendung (Abzug der gesetzlich festgelegten Rücklagen = 5 % des Jahresüberschusses und der freiwilligen Rücklagen) erfolgt die **Gewinnverteilung je nach Verhältnis** der Einlagen des einzelnen Aktionärs zum gesamten eingezahlten Aktienkapital.

AG = Aktiengesellschaft

Wie wird die Rentabilität berechnet?

Die Rentabilität (Rendite) wird wie folgt berechnet:

$$\frac{\text{Gewinn}}{\text{Kapital}}$$

Wenn ein Unternehmen eine Rentabilität von 0,15 aufweist, so bedeutet das, dass es eine Eigenkapitalrentabilität von 15 % zu verzeichnen hat, was 15 % Zinsen auf das eingesetzte Kapital entspricht.

Welche verschiedenen Fertigungsarten sind dir bekannt?

- Einzelfertigung
- Serienfertigung
- Massenfertigung
- Reihenfertigung
- Fließfertigung
- Baustellenfertigung
- Verrichtungsprinzip
- Verfahrenstechnische Fertigung

Was bedeutet SWOT?

SWOT steht für

Strengths (Stärken)
Weaknesses (Schwächen),
Opportunities (Möglichkeiten, Chancen)
Threats (Gefahren, Risiken).

Es geht hierbei um die Analyse der Stärken, Schwächen, Chancen und Gefahren. Die SWOT-Analyse kann dazu verwendet werden, sich selbst sowie das berufliche Umfeld zu untersuchen, um die eigene Berufs- und Lebensplanung zielgerichtet zu unterstützen und zu verbessern.

Die SWOT-Analyse kann als Werkzeug in der Potentialanalyse verwendet werden.

Nenne Beispiele für Transferleistungen vom Staat.

Transferleistungen vom Staat sind zum Beispiel:

- Kindergeld
- Wohngeld
- Sozialhilfe
- Hartz IV

Nenne Beispiele in denen das Sozialgericht zuständig ist.

Das Sozialgericht ist zuständig bei Streitigkeiten in Bezug auf Leistungen aus den gesetzlichen Sozialversicherungen, Leistungen aus dem SGB III (Arbeitsförderungsrecht), Lohnfortzahlungen im Krankheitsfall, Sozialhilfe.

Konkrete Fälle wären z. B.:

- die Krankenkasse verweigert die Kostenübernahme von Behandlungskosten
- Rentenversicherungszeiten werden nicht anerkannt
- Arbeitslosengeld wird gesperrt

Was ist in Bezug auf die staatliche Altersversorgung unter dem Generationenvertrag zu verstehen?

Der **Generationenvertrag** ist kein „echter Vertrag", sondern ein Grundprinzip: ein wichtiger Bestandteil der staatlichen Altersversorgung in Deutschland. Er besagt, dass für die Möglichkeit staatlicher Leistungen in Bezug auf die Rentenversicherung zwei Generationen beteiligt sind: die Jüngeren zahlen ihre Beiträge in die Rentenversicherung ein, von denen wiederum die Renten der älteren Menschen bezahlt werden.

Damit hilft die arbeitende Generation denjenigen Menschen, die sich im Ruhestand befinden.

Von wem wird die Höhe der Rentenversicherung festgelegt?

Von der Vertreterversammlung der Rentenversicherungsträger.

Welche Folgen hat es für die Aufrechterhaltung der Krankenversicherung eines Arbeitnehmers, wenn ein Arbeitgeber die Beiträge an die Krankenkasse nicht abgeführt hat?

Die Kranversicherung besteht dennoch. Allerdings gilt die Leistungspflicht dann u. U. nur noch eingeschränkt.

Was bedeutet es, wenn von einem Zielkonflikt die Rede ist? Nenne hierfür ein Beispiel.

Zielkonflikt bedeuet, dass zwei oder mehrere Ziele nicht gleichzeitig erreicht werden können. Dies ist bei der Erhaltung der Liquidität und Rentabilität der Fall. Liquidität bedeutet, dass ein Unternehmen über ausreichend Geld verfügt, um seine Verbindlichkeiten pünktlich zahlen zu können. Ist dies nicht der Fall, so kommt es zu Liquiditätsproblemen. Um diese zu verhindern, bilden Unternehmen in der Regel finanzielle Reserven.

Der Zielkonflikt besteht darin, dass die finanziellen Reserven **zu Lasten der Rentabilität** gehen, da die Unternehmen den Sparbetrag nicht gewinnbringend anlegen. Auf diese Weise kommt es zu einem **Zinsverlust**. Daher gilt: Je höher die (Über-) Liquidität, desto geringer die Rentabilität.

Was bedeutet ECVET?

ECVET = European Credit System for Vocational Education and Training) ist ein System, das von der EU kreiert wurde, um die für die Einstufung im EQF relevanten Kreditpunkte einer Weiterbildung zu berechnen.

So gibt es beispielsweise für eine Weiterbildung in Vollzeit von einer Woche 1 1/3 Kreditpunkte, für einen Monat 5 Kreditpunkte und für ein Jahr 60 Kreditpunkte.

Beispiel: Eine Meisterprüfung (1 Jahr Vollzeit) gibt 60 Kreditpunkte, ein staatlich geprüfter Techniker erhält nach zwei Jahren Weiterbildung 120 Kreditpunkte.

Welche Auswirkung hat die Globalisierung auf die Arbeitswelt der Menschen?

- Flexibilität, Mobilität, interkulturelle Erfahrungen und lebenslanges Lernen werden erforderlich
- Verlagerung von Arbeitsplätzen in Billiglohnländer
- Bedeutung der länderübergreifenden Kommunikation nimmt zu (Fremdsprachenkenntnisse sind gefragt)

Wer ist für die JAV wahlberechtigt (aktives und passives Wahlrecht)?

Aktives Wahlrecht: Alle jugendlichen Beschäftigten unter 18 Jahren und alle Auszubildenden unter 25 Jahren (egal, wie lange sie dem Betrieb zugehören).

Passives Wahlrecht: Alle Arbeitnehmer, die das 25. Lebensjahr noch nicht vollendet haben (also bis 24 Jahre). Ausnahme: Betriebsratsmitglieder.

Die Wahl ist geheim und unmittelbar. Es besteht keine Wahlpflicht.

Was ist die Betriebsvereinbarung?

Die **Betriebsvereinbarung** wird zwischen dem Arbeitgeber und dem Betriebsrat geschlossen. Es handelt sich um eine kollektive **Vereinbarung**, die für **alle** Arbeitnehmer dieses Arbeitgebers bzw. Betriebes gilt.

Die Betriebsvereinbarung kann als Ergänzung des bestehenden Tarifvertrages gesehen werden. Die dortigen Regelungen (Tarifvertrag) sind Mindestanforderungen, die durch die Betriebsvereinbarung nicht unterschritten werden dürfen.

Welches Recht des Betriebsrates wirkt am stärksten?

Am stärksten wirkt das **Mitbestimmungsrecht**, das laut § 87 BetrVerfG die Mitbestimmung in sozialen Angelegenheiten vorsieht.

Der Betriebsrat hat z. B. Mitbestimmungsrecht in Bezug auf:

- Beginn und Ende der täglichen Arbeitszeit
- Betriebsordnung
- Maßnahmen zur Überwachung der Arbeitnehmer
- betriebliches Vorschlagswesen
- Unfallverhütungsmaßnahmen
- Festlegung von Prämien- und Akkordsätzen

Wie lauten die verschiedenen Streikarten?

Organisierter Streik: angekündigter, durch Urabstimmung legitimierter, von der Gewerkschaft veranlasster Streik

Wilder Streik: eigenmächtig von den Arbeitnehmern organisierter Streik ohne Gewerkschaftsbeteiligung (illegal)

Warnstreik: kurze Arbeitsniederlegung ohne vorherige Urabstimmung, um die laufenden Tarifverhandlungen voranzutreiben.

Teilstreik: Nicht der ganze Betrieb wird bestreikt, nur Teile.

Flächenstreik: Unternehmen werden im gesamten Tarifgebiet / Tarifbezirk, ggf. auch bundeslandübergreifend, bestreikt.

Was sind die Innungen und welche Bedeutung haben diese bei der Durchführung von Gesellenprüfungen?

Die **Innungen** bilden den Zusammenschluss der einzelnen Handwerksberufe. Durch sie werden insbesondere berufsspezifische Angelegenheiten vertreten.

Den Innungen werden von der Handwerkskammer oft die Gesellenprüfungen übertragen, hierfür wird ein Prüfungsausschuss gebildet, für den Meistervertreter, Arbeitnehmer (Gesellen) und ein Berufsschullehrer berufen werden.

Wann muss ein Arbeitnehmer im Krankheitsfall dem Arbeitgeber spätestens die Arbeitsunfähigkeitsbescheinigung vorlegen?

Der Arbeitnehmer ist verpflichtet, dem Arbeitgeber die Arbeitsunfähigkeit und deren voraussichtliche Dauer **unverzüglich** mitzuteilen. Das heißt, dass der Arbeitnehmer laut Gesetz den Arbeitgeber **sofort** informieren muss.

Dauert die **Arbeitsunfähigkeit** länger als drei Kalendertage, hat der Arbeitnehmer eine ärztliche Bescheinigung über das Bestehen der Arbeitsunfähigkeit sowie deren voraussichtliche Dauer spätestens an dem darauffolgenden Arbeitstag vorzulegen. Das heißt also am 4. Tag.

Wenn sich also ein Arbeitnehmer am Freitag krank meldet, muss er dem Arbeitgeber die Bescheinigung am Montag vorlegen. Das ist der 4. Tag, da auch die freien Tage mitgezählt werden.

Welche Institution ist im Falle von Streitigkeiten zwischen Ausbilder und Auszubildenden für Schiedsverfahren zuständig?

Die Industrie- und Handelskammer.

Eine ordentliche Kündigung kann erfolgen, wenn sie sozial gerechtfertigt ist.

Wann ist dies der Fall?

Eine **Kündigung** muss, um sozial gerechtfertigt zu sein, eine der folgenden Eigenschaften aufweisen:

Sie muss:

betriebsbedingt (z. B. Betriebsstilllegung, Rationalisierungen etc.),

personenbedingt (z. B. Krankheit, Gefängnis etc.) oder

verhaltensbedingt (z. B. ständige Verspätungen, sexuelle Belästigung etc.) sein.

Im Falle einer verhaltensbedingten Kündigung muss der Arbeitgeber das unerwünschte Verhalten erst einmal abmahnen.

Welche Folgen hat es, wenn Arbeitsverträge nicht eingehalten werden?

Es können Schadensersatzforderungen geltend gemacht werden.

Was ist das Ausbildungsberufsbild?

Das **Ausbildungsberufsbild** bezeichnet den jeweiligen Beruf und gibt Auskunft über die hierfür nötigen Qualifikationen, die ein Auszubildender / eine Auszubildende erwerben muss und die vom Ausbilder vermittelt werden müssen.

Das Ausbildungsberufsbild ist Teil der Ausbildungsordnung.

Welches Gericht ist dafür zuständig, wenn es um Streitigkeiten bei arbeitsrechtlichen Angelegenheiten geht?

Das Arbeitsgericht.

Wie lautet in einem Berufsausbildungsvertrag die Kündigungsfrist während der Probezeit?

Im Gegensatz zu „normalen“ Arbeitsverträgen, bei denen eine Kündigungsfrist von zwei Wochen eingehalten werden muss, gilt bei einem Berufsausbildungsvertrag:

Es gibt während der Probezeit **keine** Kündigungsfrist! Eine Kündigung kann während der Probezeit jederzeit und ohne Angabe von Gründen erfolgen. Dies gilt für beide Seiten.

Welche Rechte hat ein Auszubildender bzw. eine Auszubildende?

Ein Auszubildender bzw. eine Auszubildende hat das Recht auf:

- angemessene fachliche und pädagogische Anleitung zur Erreichung des Ausbildungszieles
- Freistellung für den Berufsschulunterricht
- angemessene Vergütung
- Urlaub
- Fürsorge durch den Arbeitgeber
- Ausstellung eines Zeugnisses bei Abschluss der Ausbildung

Welche Formen von Outsourcing gibt es?

Single Sourcing: ein Unternehmen arbeitet mit einem externen Zulieferer

Multiple Sourcing: ein Unternehmen arbeitet mit mehreren Zulieferern

Global Sourcing: ein Unternehmen bezieht Teile von Zulieferern weltweit

Welche Auswirkungen haben Abschreibungsvergünstigungen (Sonderabschreibungen) auf die Konjunkturpolitik?

Durch sie werden Unternehmen dazu animiert, Investitionen zu tätigen. Dies wiederum **belebt** die Konkjunktur.

Wie kann die EZB Inflationsrisiken mindern?

Zu hohe Kredite können zu einer Inflation führen. Hebt die EZB den Leitzins an, wird es für die Banken teurer Geld zu beschaffen. Dadurch werden auch die Kredite der Banken teurer. Dies führt dazu, dass die kreditfinanzierten Ausgaben abnehmen.

Die daraufhin ausgelöste Verringerung der Nachfrage an Produkten wird das Preisniveau senken, so dass **Inflationsrisiken verringert** werden.

Welche Voraussetzungen solltest du erfüllen, wenn du dich für den Weg in die Selbstständigkeit entscheidest?

persönlich: Hohe Motivation, kaufmännische Kenntnisse, Führungseigenschaften, Organisationstalent, Risikobereitschaft, Verkraftung von Rückschlägen

rechtlich: volle Geschäftsfähigkeit, ggf. Meisterprüfung notwendig, ggf. behördliche Zulassung

finanziell: Genügend Startkapital, Finanzplan, Kreditmöglichkeiten und Zuschüsse eruieren

wirtschaftlich: Standortprüfung, Bedarf (Nachfrage an den angebotenen Produkten bzw. Dienstleistungen prüfen.

Was bedeutet Verjährung?

Nach Ablauf einer bestimmten Frist, die im Gesetz (BGB) festgelegt ist, kann eine Forderung nicht mehr gerichtlich geltend gemacht werden, das heißt vor Gericht eingeklagt werden. **Der Schuldner muss dann nicht mehr zahlen.**

Die **regelmäßige Verjährungsfrist beträgt drei Jahre** (laut § 194 ff BGB) und beginnt mit dem Schluss des Jahres, in dem der Anspruch entstand. Diese Frist gilt z. B. für Forderungen. (Hinweis: Bei Sachmängeln beträgt die Verjährung zwei Jahre, bei Baumängeln 5 Jahre).

Liegt eine **Hemmung** vor, so wird die Verjährungsfrist um den Zeitraum der Hemmung verlängert. Eine Hemmung kommt zum Beispiel durch die Zustellung eines gerichtlichen Mahnbescheides oder die Erhebung einer Klage zustande.

Wann kommt ein Käufer in Annahmeverzug und welche Konsequenzen ergeben sich hieraus?

Der Käufer kommt in **Annahmeverzug**, wenn er die vereinbarte und ordnungsgemäß gelieferte Ware nicht annimmt.

Mögliche Konsequenzen

- Ersatz der Mehraufwendungen des Lieferanten für z. B. erneute Anlieferung der Ware, Aufbewahrung etc.
- Der Lieferer haftet während des Verzuges nur noch für grobe Fahrlässigkeit und Vorsatz (wenn die Ware also Schaden nimmt, haftet der Verkäufer nur noch bedingt).

Worin unterscheidet sich der Schuldner vom Gläubiger?

Schuldner: ist diejenige Person, die für eine Leistung eine Zahlung leisten muss.

Gläubiger: ist diejenige Person, die für eine erbrachte Leistung Geld zu bekommen hat.

Ein Lieferant erstellt auf Anfrage eines Kunden ein Angebot. Der Kunde ändert bei der Bestellung die im Angebot angegebene Stückzahl.

Welche Auswirkung hat diese Bestellung auf das Zustandekommen des Kaufvertrags?

Der Kaufvertrag kommt zunächst nicht zustande. Durch die Änderung der Stückzahl handelt es sich bei der Bestellung um einen **neuen Antrag.**

Erst wenn der Lieferant diesen Antrag annimmt (z. B. durch eine Auftragsbestätigung oder die Lieferung der Ware), kommt ein Kaufvertrag zustande.

Was bedeutet Geschäftsfähigkeit?

Geschäftsfähigkeit liegt vor, wenn **Willenserklärungen rechtswirksam** entgegengenommen und abgegeben werden können.

Natürliche Personen (= alle Menschen) werden mit der Vollendung des 18. Lebensjahres voll geschäftsfähig. Kinder **unter 7 Jahren** – also bis 6 Jahren – sind **grundsätzlich** geschäftsunfähig. Beschränkt geschäftsfähig sind Personen vom vollendeten 7. bis zum noch **nicht** vollendeten 18. Lebensjahr. Rechtsgeschäfte beschränkt Geschäftsfähiger bedürfen der **Zustimmung des gesetzlichen Vertreters**. Solange die Zustimmung nicht vorliegt, ist das Rechtsgeschäft **schwebend unwirksam (Ausnahme: Taschengeldparagraph).**

Juristische Personen sind durch ihre Vertreter grundsätzlich immer geschäftsfähig.

Welche rechtlichen Auswirkungen hat es, wenn in Verträgen ggf. geforderte Formvorschriften nicht eingehalten werden?

Dann ist der Vertrag **nichtig**.

Sowohl im **privaten** als auch im **öffentlichen Recht** gibt es Rechtsgeschäfte, bei denen nicht die **Formfreiheit** gilt, sondern bei denen **Formvorschriften** einzuhalten sind. Werden diese nicht eingehalten, so ist das Rechtsgeschäft nichtig, das heißt ungültig.

Beispiel: Die Kündigung eines Arbeitsverhältnisses oder eines Mietverhältnisses muss in schriftlicher Form erfolgen, eine mündliche Kündigung ist daher nicht rechtskräftig.

Was ist eine Unternehmergesellschaft (UG)?

Die **Unternehmergesellschaft** (haftungsbeschränkt), kurz UG, ist in Deutschland eine Rechtsform der Kapitalgesellschaft . Umgangssprachlich wird sie als Mini-GmbH und 1-Euro-GmbH bezeichnet, da das Stammkapital insgesamt mindestens einen Euro betragen muss. Dafür, dass die Stammeinlage so gering sein kann, müssen jährlich mindestens 25 % des Jahresüberschusses in eine Rücklage eingestellt werden.

Die Firma muss gemäß § 5a GmbHG die Bezeichnung „Unternehmergesellschaft (haftungsbeschränkt)“ oder „UG (haftungsbeschränkt)“ führen.

Wie ist die Gewinnverteilung bei einer KG geregelt?

Die Gewinnverteilung einer **Kommanditgesellschaft** (KG) richtet sich nach Höhe der Kapitaleinlage. Diese wird mit **4 % verzinst** (§ 168 HGB).

Der **Rest** wird **in angemessenem Verhältnis** zur individuellen Einlage unter den Gesellschaftern aufgeteilt. Die Verteilung des Restgewinns muss vertraglich geregelt sein.

Mit welchen drei (Haupt-)Kennzahlen lässt sich der Unternehmenserfolg ermitteln?

Mit folgenden **Kennzahlen** lässt sich der Unternehmenserfolg ermitteln bzw. messen:

- Produktivität
- Wirtschaftlichkeit
- Rentabilität

Wie lauten die volkswirtschaftlichen Produktionsfaktoren?

1. **Boden**
2. **Arbeit**
3. **Kapital**

Hinzugerechnet wird außerdem auch das:

4. **Humankapital** (Bildung)

Was kann ein Arbeitnehmer steuerlich geltend machen?

Steuerlich geltend gemacht werden können:

- Werbungskosten
- private Vorsorge
- außergewöhnliche Belastungen (z. B. Kinderbetreuung)

Das heißt, dass bei Nachweis dieser Ausgaben die Steuern gemindert werden. Diese Minderung kann aber erst nachträglich, das heißt bei Abgabe des **Lohnsteuerjahresausgleiches** beim Finanzamt, beantragt werden.

Welche Auswirkung hat es auf die Rentenversicherung, wenn Menschen eine immer längere Lebenserwartung haben und immer weniger Kinder geboren werden?

Wenn Menschen immer älter werden, beziehen sie länger Rente, wohingegen die Beitragszahler erst einmal gleich bleiben bzw, bei einem Geburtenrückgang immer weniger werden. Dadurch wird es immer schwieriger, die Rentenleistungen aufrecht zu erhalten.

Um dies auszugleichen müssen entweder die Beiträge erhöht oder die Renten gekürzt werden.

Was ist Hartz IV und wozu dient es?

Hartz IV ist ein volkstümlicher Begriff für das Arbeitslosengeld II, das Menschen gewährt wird, die arbeitslos sind und aus diesem Grund ihr Leben nicht finanzieren können.

Ziel des Arbeitslosengeldes ist es, Menschen durch finanzielle Hilfe zu unterstützen, ihren Lebensunterhalt bestreiten zu können und sich darum bemühen, wieder eine Arbeit zu finden (Wiedereingliederung in die Arbeitswelt).

Wie lauten die Ziele der sozialen Sicherung (gesetzlichen Sozialversicherung)?

Die sozialen Systeme sichern

- die Versorgung im Alter (Rente) und bei Erwerbsminderung bzw. -unfähigkeit (Invalidität),
- die Hilfe im Krankheits- und Pflegefall,
- die Unterstützung bei Arbeitslosigkeit,
- die Hilfe bei Berufsunfällen und -krankheiten.

Mit welchen beiden Leistungen kann ein Arbeitnehmer bei einer möglichen Arbeitslosigkeit grundsätzlich rechnen?

- Arbeitslosengeld
- Weiterbezahlung der Krankenversicherung

Welche Vorteile bieten Unternehmenszusammenschlüsse?

Vorteile von Zusammenschlüssen sind z. B.:

- Senkung von Einkaufspreisen oder Produktionskosten
- Behauptung auf dem globalen Markt
- Verbesserung der Marktposition („Marktführerschaft")
- Behauptung gegenüber der Konkurrenz
- Verbesserung der Qualität der Leistungen (Produktqualität, Lieferfähigkeit)

Was bedeutet EQR?

Europäischer Qualifikationsrahmen
(EQF = European Qualification Frame)

Durch diesen werden Schul- und Berufsabschlüsse europaweit vergleichbar, indem für bestimmte Kompetenzen, die in Berufsausbildungen, Fort- und Weiterbildungen erworben wurden, Kreditpunkte vergeben werden. Die Kreditpunkte werden von den Bildungsträgern vergeben.

Zu den hierbei bewerteten Kernkompetenzen gehören:
Komplexität, Intransparenz, Dynamik, Vernetztheit.

Welche Arten betrieblicher Fortbildungen gibt es?

- Unterweisungen im Betrieb
- Training on the job
- Seminare
- Schulungen

Was ist die Jugend- und Auszubildendenvertretung?

Die JAV ist die gewählte Vertretung der jugendlichen Arbeitnehmer und Auszubildenden innerhalb eines Betriebes. Die Wahl findet alle 2 Jahre statt (die Kosten hierfür trägt der Arbeitgeber).

In Betrieben mit **mind. fünf jugendlichen Arbeitnehmern (unter 18 Jahren)** oder **mind. fünf Auszubildenden (unter 25 Jahren)**, kann eine JAV gewählt werden, sofern in dem Betrieb ein Betriebsrat existiert (ohne Betriebsrat gibt es auch keine JAV).

Die Wahl einer JAV ist freiwillig und die Zahl der Mitglieder ist abhängig von der Zahl der wahlberechtigten Jugendlichen oder Auszubildenden.

Muss der Betriebsrat vor einer Kündigung angehört werden?

Ja. Der Betriebsrat muss grundsätzlich **vor jeder Kündigung gehört** werden.

Dies gilt für die ordentliche und für die außerordentliche Kündigung.

Ohne diese Anhörung ist die Kündigung unwirksam (§ 102 BetrVG).

Welche im Betrieb beschäftigten Personengruppen werden nicht vom Betriebsrat vertreten?

Leitende Angestellte.

Was ist eine Aussperrung?

Hier sperrt der Arbeitgeber die Arbeitnehmer von der Arbeit aus. Zum Beispiel bleibt das Werkstor geschlossen und die Arbeitnehmer werden am Eingang abgewiesen. Während der Aussperrung werden die Arbeitsverträge vorübergehend aufgehoben. Es bestehen auf beiden Seiten weder Rechte noch Pflichten. Löhne und Gehälter werden nicht gezahlt.

In der Regel handelt es sich um **Abwehraussperrungen** als Reaktion des Arbeitgebers auf einen ausgebrochenen Streik.

Was sind die Aufgaben der Innungen?

Die **Innungen** haben - quasi als Nachfolger der Zünfte - folgende Aufgaben:

- Erhaltung und Pflege der Berufstradition
- Schlichtung und Vermittlung bei Klagen von Kunden, die wegen mangelhaft ausgeführter handwerklicher Arbeiten klagen
- Durchführung von Zwischen- und Abschlussprüfungen
- Kontrolle von Lehrlingsausbildungen
- Organisation von Fortbildungsveranstaltungen für z. B. Meister und Gesellen.

Gesetzt den Fall ein Unternehmer verkauft seinen Betrieb. Welche Folgen hat dies für bestehende Arbeitsverträge?

Zunächst keine. Die Arbeitsverträge gelten erst einmal weiter.

Wie ist die Arbeitsgerichtsbarkeit aufgebaut?

Es gibt **drei Instanzen:**

1. Instanz: lokale Arbeitsgerichte (es herrscht kein Anwaltszwang)
2. Instanz: Landesarbeitsgericht (= Berufungsinstanz)
3. Instanz: Bundesarbeitsgericht (= Revisionsgericht)

Welche gesetzlichen Regelungen gelten für minderjährige Jugendliche in Bezug auf Arbeitszeiten und Pausen?

Für minderjährige Jugendliche unter 18 Jahren gelten laut **Jugendarbeitsschutzgesetz** (JArbSchG) besondere Regelungen: Sie müssen nach spätestens 4,5 Arbeitsstunden eine Pause haben. Eine Pause bedeutet eine mindestens 15-minütige Arbeitsunterbrechnung.

Haben Jugendliche eine Arbeitszeit von 4,5 bis 6 Stunden, müssen ihnen mind. **30 Minuten Pause eingeräumt werden**.

Jugendliche, die länger als 6 Stunden beschäftigt werden, haben das Recht auf **insgesamt 60 Minuten Ruhepause**.

Außerdem dürfen Jugendliche **nicht mehr als 8 Stunden pro Tag** und **nicht mehr als 40 Stunden pro Woche** arbeiten.

Wie viele Urlaubstage hat ein Arbeitnehmer laut Gesetz?

Laut Bundesurlaubsgesetz beträgt der Jahresurlaub:

20 Werktage bei einer 5-Tage-Woche
24 Werktage bei einer 6-Tage-Woche

Wichtig: Ein Arbeitnehmer muss **nicht** auf seinen Urlaub bzw. auf Urlaubstage verzichten, auch wenn ihm als Ersatz Entgelt angeboten wird.

Achtung: Minderjährige Jugendliche und schwerbehinderte Personen haben Anspruch auf zusätzliche Urlaustage.

Wer ist für die Erstellung des Ausbildungsplanes zuständig?

Der Ausbildungsbetrieb.

Bei dem **Ausbildungsplan** handelt es sich um eine zeitliche und fachlich gegliederte Darstellung der Ausbildungsinhalte, die für einen Auszubildenden im Betrieb auf Grundlage der Ausbildungsordnung und des Ausbildungsrahmenlehrplanes erstellt wird.

Der Ausbildungsrahmenlehrplan ist Teil der Ausbildungsordnung, die deutschlandweit festlegt, welche Kenntnisse und Fertigkeiten in einem Beruf vermittelt werden müssen.

Welches Gericht ist dafür zuständig, wenn es um Streitigkeiten in Bezug auf die Sozialversicherungen geht?

Das Sozialgericht.

Wie lange darf die Probezeit für einen Ausbildungsvertrag maximal und wie lange muss sie mindestens andauern?

Sie darf max. 4 Monate und muss mind. 1 Monat betragen.

Welche Pflichten hat ein Auszubildender bzw. eine Auszubildende?

Er / Sie muss sich darum bemühen, die in der Ausbildungsordnung genannten Kenntnisse und Fertigkeiten zu erwerben.

Er / Sie muss die ihm / ihr aufgetragenen Arbeiten sorgfältig ausführen, Betriebsgeheimnisse wahren und die Betriebsordnung einhalten.

Er / Sie muss am Berufsschulunterricht und an Ausbildungsmaßnahmen teilnehmen.

Er / Sie muss die Betriebseinrichtung, Maschinen und Werkzeuge pfleglich behandeln.

Er / Sie muss ein Berichtsheft oder einen Ausbildungsnachweis führen.

Ordne folgende Güter den betriebswirtschaftlichen Produktionsfaktoren zu:

Schmierstoff,
PC und Drucker,
die Erstellung der Lohnabrechnung,
die Tätigkeiten eines Abteilungsleiters.

Schmierstoff: Werkstoffe

PC und Drucker: Betriebsmittel

Erstellung der Lohnabrechnung: Arbeit

Tätigkeiten des Abteilungsleiters: dispositiver Faktor

Was ist das Stabilitätsgesetz?

Das Bundesgesetz zur Förderung der Stabilität und des Wachstums der Wirtschaft (StabG) stammt aus dem Jahr 1967 und erklärt das **gesamtwirtschaftliche Gleichgewicht** zum Staatsziel.

Die einzelnen Ziele sind im **„Magischen Viereck“**, das in § 1 des StabG beschrieben ist, wiedergegeben. Magisch wird es deshalb genannt, da nicht alle Ziele immer gleichzeitig verfolgt werden können (es herrschen Zielkonflikte vor).

Was ist eine Deflation?

Bei der **Deflation** geht das Preisniveau für Waren und Dienstleistungen zurück.

Mögliche Ursachen für eine Deflation sind beispielsweise: eine schwache Konjunktur, niedrige Investitionen. Auch eine allgemeine Konsumzurückhaltung kann eine Deflation bewirken.

Welche positiven Auswirkungen haben Weiterbildungsmaßnahmen?

- Ggf. bessere Aufstiegs- und Karrierechancen
- ggf. höheres Einkommen
- Schutz vor Arbeitslosigkeit durch Höherqualifizierung und erweiterte (Fach-)Kenntnisse
- höhere persönliche Zufriedenheit
- verbesserte Mobilität und Flexibilität

Wie lange ist die Gewährleistungsfrist im Falle von Mängelansprüchen?

Grundsätzlich 2 Jahre. Diese kann aber auch länger sein, so z. B.

- 3 Jahre bei arglistig verschwiegenen Mängeln
- 5 Jahre bei Mängeln an Bauwerken oder in Bauwerken eingebauten Teilen
- 30 Jahre für Rechte, die in ein Grundbuch eingetragen werden

Was sind Rechtsmängel?

Rechtsmängel nach § 435 BGB sind zum Beispiel:

- Verkäufer ist nicht Eigentümer der Ware
- die Ware ist mit einem Pfandrecht belastet

In welchem Gesetz ist das Vertragsrecht im Allgemeinen geregelt?

Im **BGB** (Bürgerlichen Gesetzbuch).

Für bestimmte Verträge gelten darüber hinaus weitere Gesetze, so zum Beispiel:

für Tarifverträge: z. B. das Betriebsverfassungsgesetz, das Tarifvertragsgesetz

für Ausbildungsverträge: z. B. das Berufsbildungsgesetz, das Jugendarbeitsschutzgesetz

für Darlehensverträge: z. B. das Geldwäschegesetz

Definiere den Raten- und den Dispositionskredit.

Ratenkredit: Kredit, bei dem die Rückzahlung in vertraglich vereinbarten, festen monatlichen Beträgen erfolgt.

Dispositionskredit: Hierbei gewährt die Bank einem Kunden, das Überziehen des Kontos (Überziehungskredit). Die Zinsen sind hierbei in der Regel höher als bei anderen Kreditarten. Ein Dispo-Kredit kann fast von jedem Girokontoinhaber genutzt werden.

Was sind nichtige und was sind anfechtbare Rechtsgeschäfte?

Nichtige Rechtsgeschäfte sind **von vornherein ungültig.**

Anfechtbare Rechtsgeschäfte haben so lange Gültigkeit, bis sie angefochten werden. **Bis zur Anfechtung sind die Verträge gültig.**

Was muss ein Gesellschaftsvertrag zur Gründung einer GmbH enthalten?

- Firmenname
- Firmensitz
- Gegenstand des Unternehmens (z. B. Computerservice)
- Aufteilung des Stammkapitals unter den Gesellschaftern
- Stammkapital: mind. 25.000 €.
- Namen / Unterschrift der Gesellschafter

Was ist eine Genossenschaft?

Eine **Genossenschaft** ist ein freiwilliger Zusammenschluss von Kaufleuten, Handwerkern, Vermietern etc. (natürliche oder juristische Personen). Da keine Gewinne erzielt werden, handelt es sich hierbei **nicht** um eine Handelsgesellschaft.

Ziel einer Genossenschaft ist es, durch gemeinsame Aktivitäten wirtschaftliche Vorteile zu erzielen. Genossenschaften sind im Genossenschaftsregister eingetragen. Zur Gründung sind in Deutschland mindestens drei Mitglieder nötig.

Zu den Organen der Genossenschaften gehören der Vorstand, der Aufsichtsrat und die Generalversammlung.

Wie lauten die verschiedenen Rechtsformen von Unterneh-men?

Einzelunternehmen

Personengesellschaften
- Offene Handelsgesellschaft (OHG)
- Kommanditgesellschaft (KG)
- Gesellschaft bürgerlichen Rechts (GbR)

Kapitalgesellschaften
- Gesellschaft mit beschränkter Haftung (GmbH)
- Limited (englische Rechtsform, Ltd.)
- Aktiengesellschaft (AG)

Ferner gibt es noch Mischformen, wie z. B. die GmbH & Co. KG.

Was ist die Aufbauorganisation und was die Ablauforganisation?

Unter der **Aufbauorganisation** ist die strukturelle Untergliederung eines Unternehmens in z. B. Abteilungen und Stellen zu verstehen, die meist hierarchisch aufgebaut und in Funktionen untergliedert ist.

Die **Ablauforganisation** gibt Auskunft über die verschiedenen Arbeitsabläufe in einem Unternehmen, dies sowohl in personeller, zeitlicher, örtlicher und sachlicher Hinsicht.

Worin unterscheiden sich formelle von informellen Gruppen?

Formelle Gruppen sind vom Arbeitgeber bewusst organisiert. Sie dienen dem Austausch von betrieblichen Informationen
(z. B. Teams, Abteilungen, Projektgruppen etc.).

Informelle Gruppen werden spontan und ungeplant von der Belegschaft organisiert und dienen dem Austausch von privaten Informationen (Fahrgemeinschaften, Hobby-Fußballmannschaft etc.).

Worin unterscheiden sich direkte von indirekten Steuern?

Direkte Steuern: Diese müssen vom Steuerschuldner direkt abgeführt werden. Beispiele: Lohnsteuer, Einkommenssteuer, Grunderwerbssteuer

Indirekte Steuern: Diese werden nicht direkt abgeführt sondern sind zum Beispiel im Preis von Gütern enthalten, die dann von den Steuerträgern an das Finanzamt abgeführt werden. Beispiele: Mehrwertsteuer, Tabaksteuer, Mineralölsteuer

Welches Ziel verfolgt die Pflegeversicherung?

Weil Menschen immer älter werden und dadurch häufiger Pflege benötigen und weil immer seltener Familienangehörige diese Pflege ganz oder teilweise übernehmen können, wurde die Pflegeversicherung eingeführt.

Mit den Beiträgen werden Pflegeleistungen bezahlt bzw. bezuschusst.

Wer hat Anspruch auf Arbeitslosengeld I?

Grundsätzlich derjenige, der in den letzten zwei Jahren vor der Arbeitslosigkeit **mindestens 12 Monate** lang in einem sozialversicherungspflichtigen Beschäftigungsverhältnis gestanden hat (Ausnahme: sog. „kurze Anwartschaftszeit").

Außerdem gelten folgende Vorausetzungen:

- Du musst dich persönlich arbeitslos gemeldet haben.
- Du musst arbeitslos sein.

Was bedeutet Recycling?

Die **Rückführung von Restrohstoffen** in den Produktionsprozess.

Laut § 3 Abs. 25 des deutschen Kreislaufwirtschaftsgesetzes ist „Recycling“ definiert als „jedes Verwertungsverfahren, durch das Abfälle zu Erzeugnissen, Materialien oder Stoffen entweder für den ursprünglichen Zweck oder für andere Zwecke aufbereitet werden. Es schließt die Aufbereitung organischer Materialien ein, aber nicht die energetische Verwertung und die Aufbereitung zu Materialien, die für die Verwendung als Brennstoff oder zur Verfüllung bestimmt sind.“

Nenne die fünf Säulen der gesetzlichen Sozialversicherung sowie deren Träger.

Kranken- und Pflegeversicherung: Krankenkassen (z. B. Betriebs und Ersatzkrankenkassen) und private Krankenversicherungen (z. B. HUK-Coburg, Allianz)

Rentenversicherung: Deutsche Rentenversicherung Bund bzw. Knappschaft-Bahn-See und deren Regionalträger

Unfallversicherung: Berufsgenossenschaften

Arbeitslosenversicherung: Bundesagentur für Arbeit

Pflegeversicherung: Pflegekassen

Was bedeutet Existenzgründung und welche Voraussetzungen muss eine Person erfüllen, um sich selbstständig zu machen?

Eine **Existenzgründung** bedeutet das Verwirklichen einer beruflichen Selbstständigkeit im Sinne einer Unternehmensgründung.

Der künftige Existenzgründer muss bestimmte **Voraussetzungen** erfüllen: Unter anderem soll er eine Geschäftsidee haben, in der Lage sein, ein Unternehmen zu führen, über finanzielle Absicherung verfügen, um den Anfang des Unternehmens zu finanzieren, wie auch das Vorhandensein eines Businessplanes, der Geschäftspartner und Banken überzeugt.

Wie lauten die vier Freiheiten des europäischen Binnenmarktes?

Freier Warenverkehr: Abschaffung der Zölle und der Mengenbeschränkungen, Angleichung der Mehrwertsteuern etc.

Freier Personenverkehr: Abschaffung der Grenzkontrollen, jeder EU-Bürger kann sich in jedem EU-Mitgliedsland aufhalten und dort Arbeit suchen, Niederlassungsfreiheit für Gewerbetreibende etc.

Freier Dienstleistungsverkehr: Schaffung freier Märkte für den Gütertransport, die Telekommunikation, das Banken- und Versicherungswesen etc.

Freier Kapitalverkehr: Abschaffung der Beschränkungen im Devisen- und Kapitalverkehr etc.

Was ist eine Umschulung?

Bei einer **Umschulung** wird nach einem bereits erlernten Beruf (Erstausbildung) ein anderer Beruf erlernt.

Dies kann sinnvoll sein, wenn der Beruf aus z. B. gesundheitlichen Gründen nicht mehr ausgeführt werden kann (Reha) oder wenn es keine Chance auf dem Arbeitsmarkt mehr gibt, den erlernten Beruf auszuüben (Abwendung drohender Arbeitslosigkeit).

Gefördert werden Umschulungen durch die Arbeitsagentur und die Rentenversicherung.

In welchen Fällen dürfen Mitglieder der JAV bei Betriebsrats-sitzungen teilnehmen?

Wenn es bei den Sitzungen um Tagesordnungspunkte geht, die die Berufsausbildung und die **Belange der jugendlichen Arbeitnehmer** betreffen.

Die JAV-Mitglieder haben hier volles Stimmrecht.

JAV = Jugend- und Auszubildendenvertretung.

Was ist der Betriebsrat?

Der Betriebsrat ist die gewählte Vertretung der Arbeitnehmer innerhalb eines Betriebes. In Betrieben mit **mind. fünf wahlberechtigten Arbeitnehmern**, von denen **mind. drei wählbar** sind, können Betriebsräte gewählt werden (geheime Wahl). Die Wahl eines Betriebsrates ist freiwillig und die Zahl der Betriebsratsmitglieder ist abhängig von der Zahl der wahlberechtigten Arbeitnehmer. Die Amtszeit beträgt vier Jahre.

Der Betriebsrat beruft einmal in jedem Kalendervierteljahr die **Betriebsversammlung**, die aus den Arbeitnehmern des Betriebes besteht, ein und erstattet ihr einen Tätigkeitsbericht. Der Arbeitgeber bzw. seine Vertreter werden zur Betriebsversammlung eingeladen und haben das Recht, in der Versammlung zu sprechen.

Was geschieht, wenn sich der Betriebsrat und der Arbeitgeber in Fragen, bei denen der Betriebsrat Mitbestimmungs- und Zustimmungsverweigerungsrechte hat, nicht einigen können?

Dann entscheidet die **Einigungsstelle**. Doch diese wird nur dann aktiv, wenn der Betriebsrat und der Arbeitgeber dies auch wünschen; sollten beide mit der Entscheidung der Einigungsstelle nicht einverstanden sein, so kann beim Arbeitsgericht Klage erhoben werden.

Worin unterscheidet sich der Manteltarifvertrag vom Lohn- bzw. Gehaltstarifvertrag?

Manteltarifvertrag

- Regelt allgemeine Arbeitsbedingungen
  (wöchentliche Arbeitszeit, Urlaubstage, Rationalisierungsschutz etc.)
- Die Laufzeit beträgt meist mehrere Jahre.

Lohn- / Gehaltstarifverträge

- Regeln die geldlichen Bedingungen
  (Entgeltgruppen, Ausbildungsvergütungen etc.)
- Kurze Laufzeiten (meistens ein bis zwei Jahre)

Welche Aufgaben haben die IHK und die HWK?

Die **Kammern** (Industrie- und Handelskammern = IHK, Handwerkskammern = HWK) sind nicht - wie der BDI und die BDA - Vereine, sondern Körperschaften öffentlichen Rechts.

Ihre Aufgabe liegt darin, die Interessen ihrer Mitglieder (das sind die Unternehmen) wahrzunehmen (es herrscht Zwangsmitgliedschaft). Außerdem sind die Kammern für die Förderung der gewerblichen Wirtschaft zuständig.

Sie sind für die Berufsausbildung zuständig und führen die hierfür nötigen Verzeichnisse und bieten die hierfür nötigen Beratungsleistungen an.

Wie hoch ist die laut Arbeitszeitgesetz erlaubte regelmäßige werktägliche Arbeitszeit?

8 Stunden pro Tag.

Die werktägliche Arbeitszeit kann auf 10 Stunden erhöht werden, wenn innerhalb von sechs Kalendermonaten acht Stunden werktägliche Arbeitszeit nicht überschritten werden.

Für welche Belange ist das Amtsgericht zuständig?

Für zivil- und strafrechtliche Belange.

Was besagt das Mutterschutzgesetz?

Das **Mutterschutzgesetz** (MuSchG) gilt für Arbeitnehmerinnen unabhängig vom Arbeitsverhältnis (z. B. Azubis, Teilzeitkraft o. Ä.). Es beinhaltet spezielle Schutzfristen bei Schwangerschaft, wie zum Beispiel die Schutzfrist (Arbeitsverbot) **vor** der Geburt: **6** Wochen (auf besonderen Wunsch der Arbeitnehmerin kann diese Frist verkürzt werden) und die Schutzfrist (Arbeitsverbot) **nach** der Geburt: **8** Wochen (bei Früh- und Mehrlingsgeburten 12 Wochen)

Werdende Mütter dürfen keine gefährdenden Arbeiten übernehmen. Ihr Arbeitsplatz und Arbeitsabläufe dürfen keine Gefahren für Mutter und Kind bergen. Dies beinhaltet z. B. auch: Verbot von Mehrarbeit, Akkordarbeit, Nachtarbeit und Arbeit an Sonn- und Feiertagen.

Was ist ein Individualarbeitsvertrag?

Ein **Individualarbeitsvertrag** (Einzelarbeitsvertrag) ist das, was du in der Regel unterschreibst, wenn du ein Stellenangebot annimmst. Es handelt sich meistens um einen Dienstvertrag gemäß BGB, der zwischen Arbeitgeber und Arbeitnehmer geschlossen wird. Er regelt das Arbeitsverhältnis dieser beiden Personen untereinander (Art der Tätigkeit, Arbeitszeit, Gehalt, Urlaub etc.).

In diesem Arbeitsvertrag darf nur zugunsten des Arbeitnehmers von Gesetzen, bestehenden Tarifverträgen oder Betriebsvereinbarungen abgewichen werden (Günstigkeitsprinzip).

Welche Inhalte sind in einem Berufsausbildungsvertrag unzulässig?

Im **Berufsausbildungsvertrag** darf zum Beispiel **nicht stehen**, dass ein Auszubildender für verloren gegangene oder beschädigte Dinge haftet und für deren Entschädigung geradestehen muss.

Ein Auszubildender darf vertraglich nicht dazu angehalten werden, auf tarifvertragliche Bedingungen oder gesetzliche Regelungen (Urlaub, Arbeitszeit etc.) zu verzichten; außerdem darf er nicht dazu verpflichtet werden, nach der Ausbildung weiter im Betrieb beschäftigt zu bleiben.

Weitere unzulässige Inhalte: Bezahlung von Lehrgeld; Verpflichtung zu Tätigkeiten, die nicht zu den Inhalten der Ausbildung gehören, und Forderung von Verzicht auf Lehrinhalte, die zur Ausbildungsordnung gehören.

Welches Gericht ist dafür zuständig, wenn es um Streitigkeiten über die Verfahrensweise bei der Abschlussprüfung oder bei Klagen in Bezug auf schulische Noten geht?

Das Verwaltungsgericht.

Wann beginnt eine Berufsausbildung und wann endet sie?

Die Ausbildung beginnt mit dem ersten Tag der Probezeit und endet mit bestandener Abschlussprüfung.

Zur Beendigung des Berufsausbildungsverhältnisses ist keine Kündigung nötig. Dies gilt für beiden Seiten.

Welches Gesetz regelt in Deutschland insbesondere die Ausbildung im Handwerk?

Die Handwerksordnung = Gesetz zur Ordnung des Handwerks (HwO).

Welche Vor- und Nachteile hat die Arbeitsteilung für die Wirtschaft, die Beschäftigten und die Verbraucher?

Vorteile:

- niedrigere Preise
- Spezialisierungsmöglichkeiten
- höhere Produktivität
- verbesserte Arbeitsbedingungen in den Industrieländern

Nachteile:

- Monotonie
- schlechte Arbeitsbedingungen in den Zuliefererländern
- hohe Abhängigkeit der Zulieferer von den Auftragsunternehmen
- Abhängigkeit der Unternehmen von den Zulieferern
- Abgabe von Know-how

Wie lauten die Phasen im Konjunkturzyklus?

Aufschwung: Nachfrage steigt, Erhöhung der Produktion, Rückgang der Arbeitslosigkeit, steigende Preise (Expansion)

Hochkonjunktur: hohe Nachfrage, steigende Löhne und Preise, hohes Zinsniveau, viele Arbeitsplätze (Boom)

Rezession: Rückgang der Nachfrage, Abbau von Arbeitsplätzen, sinkende Produktion, sinkende Preise (Abschwung)

Depression: Rückgang der Nachfrage, niedriges Preis- und Lohnniveau, hohe Arbeitslosigkeit (Tiefphase)

Was ist eine Inflation?

Bei der **Inflation** kommt es zu Preissteigerungen. Indikator für eine Inflation ist die Inflationsrate. Wenn die Inflationsrate höher ist als die Lohnsteigerungen, kommt es zu einem Verlust von Kaufkraft. Das heißt: Der Verbraucher bekommt weniger Güter für sein Geld.

Eine Inflation kommt zustande, wenn die Banken zum Beispiel viel zu hohe Kredite an die private Wirtschaft gewähren oder wenn durch allgemeine Kostensteigerungen und eine erhöhte Nachfrage an Gütern das Preisniveau steigt. Eine Inflation kommt auch dann zustande, wenn hohe Erträge aus dem Exportgeschäft in Form von Devisen in das Exportland fließen und auf diese Weise die inländische Geldmenge erhöht wird.

Wann ist eine Meisterprüfung Voraussetzung für die Aufnahme einer selbstständigen Tätigkeit?

In **gefahrgeneigten Berufen**, z. B. Elektrohandwerk.

In welchen Fällen kann die Gewährleistungsfrist eingeschränkt werden?

Bei gebrauchten Gegenständen kann die Gewährleistung auf ein Jahr verkürzt werden.

Die Gewährleistungsfrist kann auch durch Individualvereinbarungen eingeschränkt werden, aber **nur**, wenn es um **Vereinbarungen zwischen Unternehmen** (§§ 444 BGB) geht. Nicht aber bei Kaufverträgen zwischen Unternehmen und privaten Verbrauchern!

Wann bedarf es keiner Mahnung mit Fristsetzung, damit ein Käufer in Zahlungsverzug kommt?

Der Mahnung mit Fristsetzung bedarf es nicht, wenn

- für die Leistung ein per Kalender bestimmbarer Zeitpunkt vereinbart wurde (Fix- und Terminkauf).
- der Schuldner die Leistung verweigert.

Welche Regelungen sind beim E-Commerce zu beachten?

Beim **E-Commerce**, dem Handel im Internet, sind folgende Regelungen zu beachten:

Der E-Shop muss sicherstellen, dass der Käufer vor dem Absenden Eingabefehler korrigieren kann und dass das Bestellformular sowie die AGB ausgedruckt werden können.

Außerdem muss der Käufer direkt nach der Bestellung eine Bestätigungsmail erhalten.

Definiere den sogenannten Spezifikationskauf und den sogenannten Kommissionskauf.

Der **Spezifikationskauf** wird auch Bestimmungskauf genannt. Es handelt sich um den Kauf einer Ware, deren Eigenschaften (z. B. Form, Maß) innerhalb einer Frist vom Käufer näher bestimmt werden (z. B. Farbe und Größe von Kieselsteinen).

Beim **Kommissionskauf** erhält der Verkäufer Ware auf Kommission (ggf. für einen zuvor bestimmten Zeitraum). Der Verkäufer muss die Ware erst nach dem Verkauf beim Lieferanten bezahlen.

Worin unterscheidet sich öffentliches vom privaten Recht?

Offentliches Recht: betrifft Rechtsbeziehungen zwischen Staat und Bürger und zwischen staatlichen Einrichtungen untereinander (z. B. Strafrecht)

Privates Recht: betrifft Rechtsbeziehungen zwischen Menschen (z. B. BGB)

Wie wird der Kurs einer Aktie bestimmt?

Durch Angebot und Nachfrage an der Börse.

Ordne folgende Tätigkeiten den betrieblichen Funktionen Beschaffung, Produktion und Absatz zu:

Erstellung von Versandunterlagen,
Erstellung einer Werbeanzeige,
Fertigungsplanung,
Einkauf von Rohstoffen.

Beschaffung: Einkauf von Rohstoffen

Produktion: Fertigungsplanung

Absatz: Erstellung von Versandunterlagen,
Erstellung einer Werbeanzeige

Wie ist die Haftung bei einer KG geregelt?

Der **Komplementär** haftet unbeschränkt, unmittelbar und solidarisch und somit auch mit seinem Privatvermögen.

Die **Kommanditisten** haften nur mit ihrer Einlage (beschränkte Haftung). Wenn ein Kommanditist z. B. 1.000,00 € eingelegt hat, dann kann er auch nur max. diesen Betrag verlieren.

KG = Kommanditgesellschaft

Was ist die Betriebsorganisation?

Die **Betriebsorganisation** beinhaltet sowohl die Struktur eines Unternehmens (Aufbauorganisation) als auch die Abläufe in einem Unternehmen (Ablauforganisation).

Wie lauten die betriebswirtschaftlichen Produktionsfaktoren?

Elementarfaktoren:
- Betriebsmittel (z. B. Werkzeuge, Maschinen, Gebäude, Fuhrpark)
- Werkstoffe (z. B. Roh-, Hilfs- und Betriebsstoffe)
- ausführende Arbeit (Tätigkeit der Arbeitnehmer)

Dispositiver Faktor: (z. B. Geschäftsführer, Management)
- Leitung
- Planung
- Organisation
- Kontrolle und Überwachung

Wird ein Faktor durch einen anderen ersetzt, spricht man von **Substitution** (Beispiel: Maschinen ersetzen Menschen und deren Arbeit).

Wie wird die Lohnsteuer ermittelt und welche Bedeutung hat der Lohnsteuerfreibetrag?

Die **Lohnsteuer** ist vom Einkommen abhängig. Je nach Lohnsteuerklasse und Höhe des Einkommens wird die Höhe der Lohnsteuer berechnet.

Wer viel verdient, hat einen höheren Prozentsatz an Lohnsteuer zu zahlen als jemand, der ein niedriges Einkommen hat.

Wird Lohnsteuerfreibetrag gewährt, so werden weniger Steuern abgezogen und es bleibt am Schluss mehr übrig.

Welche privatrechtlichen Versicherungen können die gesetzlichen Sozialversicherungen ergänzen?

Privatrechtliche Versicherungen ergänzen die gesetzlichen Sozialversicherungen. Zu diesen gehören zum Beispiel:

Sachversicherung: z. B. Inhaltsversicherung, Feuer- und Einbruchversicherung

Vermögensversicherung: z. B. Haftpflichtversicherung, Kreditversicherung

Personenversicherung: z. B. Lebensversicherung, private Kranken- und Unfallversicherung

Daneben gibt es z. B. die Kfz-Versicherung, Rechtsschutzversicherung

Was leistet die Arbeitslosenversicherung?

Auswahl:

- Sie zahlt das **Arbeitslosengeld I**. Es beträgt bei Arbeitslosen ohne Kinder 60 % des letzten Nettoentgelts und 67 % bei Arbeitslosen mit Kindern.
- vermittelt neue Arbeitsstellen
- berät in der Berufsfindung (Berufsberatung)
- zahlt Kurzarbeiter- und Winterausfallgeld

Was besagt der Grüne Punkt?

Der **Grüne Punkt** ist ein europaweites Kennzeichnungssystem im Bereich des Verpackungsrecycling und besagt im Grunde genommen, dass der Hersteller einen bestimmten Betrag für ein allgemeines Entsorgungssystem bereits im Voraus entrichtet hat.

Worin unterscheiden sich die Privatversicherungen von den gesetzlichen Sozialversicherungen?

Privatversicherung	gesetzl. Sozialversicherung
Mitgliedschaft freiwillig	Mitgliedschaft verpflichtend
Alle Risiken versichert	Grundrisiken versichert
Beitragsgrundlage nach Risiko und Versicherungssumme	Beitragsgrundlage nach Bruttolohn
Leistungen nach Vertrag	Leistungen laut Gesetz

Was benötigt ein Existenzgründer, wenn er Fördermittel beantragen möchte?

Grundlage für die Beantragung von Fördermitteln ist ein detaillierter Geschäftsplan, der möglichst viele Informationen enthält (zu Geschäftsidee, Produktplanung, Konkurrenz, Standort, Rechtsform, Gründerperson, Management, Mitarbeiter, Marketingmaßnahmen, Organisation, Risiken, Finanzierung, Wirtschaftstauglichkeit).

Was ist der Europass?

Der **Europass** ist ein Service der EU, mit dem verschiedene Dokumente, wie zum Beispiel ein Lebenslauf, hergestellt werden können. Sie dienen einer europaweit verständlichen Darstellung von Qualifikationen und Kompetenzen (Fähigkeiten) zur Nutzung für das persönliche Arbeitsumfeld.

Zu den verschiedenen Europass-Dokumenten gehören:

- Europass Lebenslauf
- Europass Sprachenpass
- Europass Mobilität
- Europass Zeugniserläuterung
- Europass Diploma Supplement

Was ist eine Fortbildung und welche Arten von Fortbildungen gibt es?

Bei einer **Fortbildung** handelt es sich um eine Weiterbildung, um Kenntnisse und Fertigkeiten im bereits erlernten Beruf zu erweitern.

Es gibt folgende Arten von Fortbildung:

- Erweiterungsfortbildung
- Anpassungsfortbildung
- Aufstiegsfortbildung

Was ist unter progressiver Einkommenssteuer zu verstehen (Steuerprogression)?

Das bedeutet, dass sich die Einkommenssteuer (bei Arbeitnehmern die Lohnsteuer) bzw. genauer gesagt der Einkommenssteuersatz **prozentual erhöht**, je höher das Einkommen ist.

Das heißt, dass ein Vielverdiener zum Beispiel fast ca. die Hälfte seines zu versteuernden Einkommens (z. B. 42 %) abgeben muss, während ein Geringverdiener nur 14 % seines zu versteuernden Einkommens abgeben muss.

Worin unterscheidet sich das Mitbestimmungsrecht des Betriebsrates vom Mitwirkungsrecht?

Mitbestimmung: Der Betriebsrat **muss** bei betrieblichen Entscheidungen sein Einverständnis geben. Alleinige Entscheidungen des Arbeitgebers, die mitbestimmungspflichtig sind, sind ungültig, wenn der Betriebsrat nicht beteiligt war (Beispiele: Regelungen der betrieblichen Arbeitszeit, Installation von technischen Geräten, die der Überwachung der Arbeitnehmer dienen etc.).

Mitwirkung: Hier muss der Betriebsrat vom Arbeitgeber lediglich informiert werden und hat Beratungsrechte, jedoch keine Entscheidungsmacht. Der Arbeitgeber entscheidet hier **allein**, auch **gegen** den Willen des Betriebsrates (z. B. Neubauvorhaben).

Was ist ein Sozialplan?

Der Sozialplan ist **die schriftliche Einigung zwischen Betriebsrat und Arbeitgeber** über den Ausgleich bzw. die Milderung der Nachteile aufgrund einer Betriebsänderung (z. B. Massenkündigungen, Verlegung des Betriebes usw.). Der Sozialplan beinhaltet z. B. Abfindungen, Vorruhestandsregelungen, Umschulungsmaßnahmen etc.

Ggf. wird im Sozialplan mit einem Punkteschlüssel für das Alter, die Betriebszugehörigkeit und die Unterhaltsverpflichtungen festgelegt, wer am ehesten gekündigt werden kann. Je höher die Punktzahl, desto größer die Chance, den Arbeitsplatz zu behalten.

Achtung: In Betrieben mit weniger als 20 Arbeitnehmern ist kein Sozialplan möglich!

Was bedeutet Tarifautonomie?

Wenn ein **Tarifvertrag** zwischen den Tarifparteien (z. B. Arbeitgeberverband und Gewerkschaft) ohne Eingriff des Staates (also durch freie Vereinbarung) ausgehandelt wird, sprechen wir von Tarifautonomie.

Die Tarifautonomie beinhaltet das **Streikrecht**, das in Art. 9 des Grundgesetzes verankert ist.

Was ist der BDI und welche Aufgaben hat dieser?

Bundesverband der Deutschen Industrie.

Er vertritt insbesondere die **wirtschaftspolitischen Interessen** der Industrie. Ihm gehören die Spitzenverbände der Industrie an, wie z. B. der Verband der Automobilindustrie e. V., der Verband der chemischen Industrie e. V. oder der Bundesverband Glasindustrie e. V.

Wie lange hat ein Arbeitnehmer im Krankheitsfall Anspruch auf Lohnfortzahlung durch den Arbeitgeber?

6 Wochen.

Bei welchem Gericht muss eine Klage gegen eine Kündigung eingereicht werden?

Beim Arbeitsgericht.

Bei einer ordentlichen Kündigung gilt eine Frist von 3 Wochen.

Was muss in Bezug auf minderjährige Jugendliche gewährleistet sein, bevor sie beschäftigt werden?

Minderjährige Jugendliche, die in das Berufsleben eintreten, dürfen nur dann beschäftigt werden, wenn sie sich einer **ärztlichen Untersuchung** unterzogen haben und wenn sie sich als für den Beruf geeignet herausgestellt haben (Bescheinigung vom Arzt muss dem Arbeitgeber vorliegen).

Eine Nachuntersuchung muss ein Jahr nach Beginn der Beschäftigung erfolgen, eine ärztliche Bescheinigung ist dem Arbeitgeber unbedingt vorzulegen.

Was ist ein Zeitarbeitsvertrag?

Ein **Zeitarbeitsvertrag** (zeitlich befristeter Arbeitsvertrag) wird auf eine bestimmte Zeit abgeschlossen (max. auf zwei Jahre).

Mit Fristablauf endet der Vertrag, ohne dass eine Kündigung nötig ist.

Worin unterscheiden sich Steuern von Gebühren?

Steuern sind monetäre Abgaben ohne Gegenleistung. Sie werden von öffentlich-rechtlichen Gemeinwesen (z. B. Staat, Länder, Gemeinden) allen Personen, die den Tatbestand der Steuerpflicht erfüllen, auferlegt. Sie dienen der Deckung des allgemeinen Finanzbedarfs.

Je nach Art der Steuer gibt es unterschiedliche Maßstäbe für die Steuerpflichtigkeit. Die meisten Steuern werden anhand des Einkommens berechnet.

Im Gegensatz zu Steuern werden Gebühren für eine konkrete Gegenleistung erhoben, z. B. die Ausstellung von Pässen oder ähnlichen Dienstleistungen.

Welche staatlichen Maßnahmen dienen dazu, in der Phase eines Booms (Konjunkurverlauf) die Nachfrage nach Gütern einzudämmen?

- Erhöhung der Steuern
- Schaffung von Sparanreizen
- Senkung von Subventionen
- Senkung von Staatsausgaben
- Erhöhung von Abschreibungsfristen
- Abbau von Staatsverschuldung

Was bedeutet Planwirtschaft?

In der **Planwirtschaft** trifft der Staat alle Entscheidungen über die volkswirtschaftlichen Produktionsfaktoren (Arbeit, Kapital, Boden).

Das bedeutet, dass der Staat den Markt reglementiert und strikte Vorgaben für die Produktion und Verteilung von Gütern erteilt.

Es gibt kein Privateigentum, das heißt: Alles gehört jedem (Kollektiveigentum) und der Staat verteilt das Eigentum.

Wie lauten die verschiedenen Formen der Arbeitsteilung?

Es gibt folgende **Formen der Arbeitsteilung**:

- **vertikale Arbeitsteilung**: Im Bereich der Wirtschaftszweige / der Produktionsfaktoren (z. B. Rohstoffgewinnung, Verarbeitung der Rohstoffe, Dienstleistungsprozesse (z. B. Transport von Rohstoffen)
- **horizontale Arbeitsteilung**: Verschiedene Hersteller fertigen gleiche oder ähnliche Produkte
- **innerbetriebliche Arbeitsteilung**: Innerhalb eines Unternehmens Zerlegung des Fertigungsprozesses in Teilaufgaben
- **überbetriebliche Arbeitsteilung**: Mischung aus Eigen- und Fremdfertigung
- **globale Arbeitsteilung**: Fertigung von Teilkomponenten im Ausland

Wer unterstützt den Staat dabei, das gesamtwirtschaftliche Gleichgewicht zu erhalten?

- die Bundesbank
- die Europäische Zentralbank (EZB)

Mit deren Hilfe können zum Beispiel in Phasen des Booms die Leitzinsen und Mindestreserven erhöht werden, um die Nachfrage zu senken, und in einer Phase der Depression die Leitzinsen und die Mindestreserven senken, um die Nachfrage zu steigern.

Wozu dient der Solidaritätszuschlag?

Zur wirtschaftlichen Förderung und zum Aufbau der neuen Bundesländer.

Was zählt zu den Lohnnebenkosten?

Zu den Lohnnebenkosten gehören:

- Arbeitgeberanteil zu den Sozialversicherungen
- Lohnfortzahlung im Krankheitsfall
- sonstige soziale Aufwendungen (z. B. Bildungsurlaub)
- vermögenswirksame Leistungen bzw. der Anteil daran

Was ist bei Auslandsaufenthalten in der EU grundsätzlich zu beachten?

Es gilt das **Beschäftigungslandprinzip**, das heißt, dass jeder Europäer wie ein einheimischer Bewohner gilt bzw. behandelt wird. Außerdem gehen Sozialversicherungsansprüche nicht verloren. Doch sollte beachtet werden, dass z. T. starke Einkommensunterschiede und Unterschiede in Belangen des (sozialen) Arbeitsschutzes vorherrschen.

Dennoch hat ein Auslandsaufenthalt grundsätzlich Vorteile: Durch die Erweiterung der Kompetenzen und die Erhöhung der Qualifikation kann jeder seine Position und Wettbewerbsfähigkeit auf dem Arbeitsmarkt sichern und erhöhen.

Welches Gesetz dient der Förderung der beruflichen Weiterbildung?

Das Sozialgesetzbuch (SGB) III- Arbeitsförderung Aufstiegsfortbildungsförderungsgesetz (AFBG)

Das **Arbeitsförderungsrecht** beinhaltet alle Leistungen und Maßnahmen zur Arbeitsförderung. Zu den Hauptbestandteilen gehören Leistungen an den **Arbeitgeber**, Leistungen an den **Arbeitnehmer** und Leistungen an **Träger**.

Welche Möglichkeiten der privaten Alters- und Rentenvorsorge gibt es?

- Riester-Rente
- Lebensversicherung
- Private Rentenversicherung
- Private Unfallversicherung
- Schwere Krankheiten-Versicherung
- Private Berufsunfähigkeitsversicherung
- Private Pflege Zusatzversicherung

Wer ist an Tarifverträge gebunden?

An **Tarifverträge** sind lediglich die Vertragsparteien gebunden. Nicht-tarifgebundene Unternehmen müssen sich nicht unbedingt an die tarifvertraglichen Regelungen halten. Für diese gelten die gesetzlichen Regelungen (Ausnahme ist gegeben, wenn eine Allgemeinverbindlichkeitserklärung genehmigt wurde).

Trotzdem kann auch in nicht-tarifgebundenen Unternehmen, dies zum Beispiel in Einzelarbeitsverträgen, die Vereinbarung zwischen Arbeitnehmer und Arbeitgeber getroffen werden, dass Tarifverträge Anwendung finden.

Wie heißen die Organe einer Aktiengesellschaft und welche Tätigkeiten werden von ihnen ausgeübt?

Vorstand
Der Vorstand leitet das Unternehmen. Er besteht aus mindestens einer Person, die für längstens fünf Jahre vom Aufsichtsrat bestellt wird.

Aufsichtsrat
Der Aufsichtsrat überwacht den Vorstand. Er besteht aus mindestens drei Mitgliedern und wird für längstens vier Jahre gewählt.

Hauptversammlung
Die HV besteht aus den Aktionären (Eigentümer der AG) und deren Vertretern (z. B. Banken). Die Hauptversammlung erwirkt Beschlüsse durch Abstimmung.

Wer kann an Betriebsratssitzungen teilnehmen?

Betriebsratssitzungen sind nicht öffentlich (und Stimmrecht haben nur die Betriebsräte!). Es können neben den Betriebsratsmitgliedern ggf. noch folgende Personen teilnehmen:

- Vertrauensmann der Schwerbehinderten
- ein Vertreter der JAV
- die gesamte JAV, sofern Punkte behandelt werden, die die Jugendlichen oder Auszubildenden betreffen
- der Arbeitgeber, sofern er vom Betriebsrat eine Einladung erhalten hat oder die Sitzung selbst beantragt hat
- die im Betrieb vertretenen Gewerkschaften, sofern sie vom Betriebsrat eingeladen wurden

Was besagt das Nachweisgesetz?

Zwar muss ein Arbeitsvertrag nicht unbedingt schriftlich erfolgen, doch müssen laut **Nachweisgesetz** die wesentlichen Bedingungen eines Arbeitsvertrages durch den Arbeitgeber schriftlich niedergelegt und dem Arbeitnehmer ausgehändigt werden, und zwar spätenstens nach einem Monat, wenn das Arbeitsverhältnis länger als einen Monat andauert.

Was ist die BDA und welche Aufgaben hat diese?

Der Zusammenschluss aller Arbeitgeberverbände der Industrie ist die **Bundesvereinigung der Deutschen Arbeitgeberverbände** (BDA) = Dachorganisation der Arbeitgeberverbände.

Aufgabe der BDA ist es, die Interessen der Unternehmen im Bereich der Sozialpolitik zu vertreten. Die BDA ist hierbei sowohl Ansprechpartner für die Unternehmen als ihre Mitglieder als auch für die Öffentlichkeit und die Bundesregierung, wenn es um Fragen der Sozial- und Tarifpolitik, des Arbeitsrechts, des Arbeitsmarktes, der Bildungs-, der Personal- und Gesellschaftspolitik sowie der europäischen und internationalen Sozialpolitik geht.

Die BDA ist nicht tariffähig.

Welche gesetzlichen Regelungen gelten für minderjährige Jugendliche laut Jugendarbeitsschutzgesetz in Bezug auf den Urlaubsanspruch?

- Jugendliche bis 16 Jahre: 30 Werktage
- Jugendliche bis 17 Jahre: 27 Werktage
- Jugendliche bis 18 Jahre: 25 Werktage

Was ist eine fristlose Kündigung?

Eine **fristlose Kündigung** ist eine außerordentliche Kündigung aus wichtigem Grund; z. B. wegen Gewalt, sexueller Belästigung, Diebstahl, übermäßigen Lohnverzugs.

Für eine fristlose Kündigung ist die Einhaltung einer Kündigungsfrist nicht nötig. Sie kann sofort ausgesprochen werden. Sie muss aber spätestens 2 Wochen nach Bekanntwerdung des Grundes erfolgen.

Achtung: Derjenige, der die fristlose Kündigung verursacht, ist schadensersatzpflichtig.

Wie lauten die verschiedenen Arbeitsschutzgesetze für den technischen Bereich?

Das sind z. B. folgende Gesetze:

- Arbeitsschutzgesetz
- Arbeitsstättenverordnung
- Bildschirmarbeitsplatzverordnung
- Arbeitssicherheitsgesetz
- Gefahrstoffverordnung
- Geräte- und Produkthaftungsgesetz

Info: Für die Kontrolle der Einhaltung von Arbeitsschutzgesetzen ist die Berufsgenossenschaft als Träger der gesetzlichen Unfallversicherung zuständig; auch das Gewerbeaufsichtsamt führt Prüfungen durch; und selbstverständlich ist der Arbeitgeber dafür verantwortlich, dass die Gesetze beachtet und eingehalten werden; hierfür **nicht** zuständig sind die Kammern (Industrie- und Handelskammer, Handwerkskammer).

Worin unterscheidet sich ein Werkvertrag vom Dienstvertrag?

Werkvertrag: Vertrag, der **erfolgsbestimmt** ist. Ein Vertragspartner verpflichtet sich, ein Werk herzustellen. Dieses ist mängelfrei zu übergeben, dann erhält er von seinem Vertragspartner die Zahlung einer Vergütung (= Werklohn).

Beispiel: Ich beauftrage einen Schreiner mit dem Bau eines Schrankes.

Dienstvertrag: Vertrag, der **zeitbestimmt** ist und von einem Vertragspartner einen bestimmten Dienst innerhalb eines festgelegten Zeitraums einfordert.

Beispiel: Arbeitsvertrag. Ich schulde meinem Arbeitgeber vertraglich festgelegte Tätigkeiten innerhalb der Wochen- / Monatsarbeitszeit.

Wie ist dein Arbeitsverhältnis geregelt, wenn du nach bestandener Abschlussprüfung ohne neuen Vertrag in deinem Ausbildungsbetrieb weiterarbeitest?

Dann gilt dein Arbeitsverhältnis auf unbefristete Zeit. Das heißt; du hast damit einen unbefristeten Vertrag.

Was bedeutet duale Ausbildung?

Duale Ausbildung bzw. duales Ausbildungssystem bedeutet, dass die Berufsausbildung **zweigleisig** gefahren wird.

1. Es gibt eine Ausbildung im Betrieb, in dem die praktische Ausbildung erfolgt, fachlich ausgebildet wird und wo Fertigkeiten, die für den Berufsalltag wichtig sind, vermittelt werden.

2. Es gibt eine Ausbildung in der Berufsschule, in der vor allem die theoretische Ausbildung erfolgt und wo berufsbegleitend Fachkenntnisse und Allgemeinwissen vermittelt werden

Welche Rechte hat ein Arbeitnehmer laut BGB?

Recht auf

- Fürsorge
- Gleichbehandlung
- Vergütung
- Beschäftigung
- Übernahme der Haftung bei verrichteten Tätigkeiten (Ausnahme: grob fahrlässiges Verhalten)
- Ausstellung eines Zeugnisses

Was bedeutet Arbeitsteilung und in welcher Abhängigkeit steht diese zur Produktivität?

Unter **Arbeitsteilung** versteht man die Zerlegung von Produktions- bzw. Arbeitsschritten in kleinere Teilaufgaben bzw. kleinere, einzelne Arbeitsschritte.

→ Durch Arbeitsteilung wird die Produktivität erhöht.

Wie lauten die Ziele des Magischen Vierecks bzw. Sechsecks?

Die **Ziele** lauten:

- angmessenes und stetiges Wirtschaftswachstum
- Preisniveaustabilität
- hoher Beschäftigungsgrad
- außenwirtschaftliches Gleichgewicht.

Das Magische Viereck kann durch zwei weitere Ziele zum **magischen Sechseck** ergänzt werden:

- Erhaltung einer lebenswerten Umwelt
- gerechte Einkommens- und Vermögenverhältnisse.

Welche staatlichen Maßnahmen dienen dazu, in der Phase einer Depression (Konjunkurverlauf) die Nachfrage nach Gütern zu erhöhen?

- Senkung der Steuern
- Senkung von Sparanreizen (z. B. Abschaffung von Prämien)
- Erhöhung von Subventionen
- Erhöhung von Staatsausgaben
- Senkung von Abschreibungsfristen
- Erhöhung der Staatsverschuldung

Was bedeutet die soziale Marktwirtschaft?

Neben den Prinzipien der **freien Marktwirtschaft** (Privateigentum, Konsum-, Produktions- und Handelsfreiheit) gelten Werte der Gerechtigkeit und Sicherheit (**soziale Marktwirtschaft**). Der Staat greift durch Maßnahmen der **staatlichen Wirtschaftspolitik** in die Wirtschaft ein, ohne aber die Marktprozesse zu stören (**Marktkonformität**). Dies geschieht durch:

- das gesetzliche Wettbewerbsrecht, z. B. sind keine Preisabsprachen erlaubt (Kartellrecht),
- sozialen Ausgleich in Form von Sozialleistungen für Menschen mit geringem Einkommen,
- Verbraucherschutzmaßnahmen,
- staatliche Förderungsmaßnahmen (z. B. Subventionen),
- die Stabilitäts- und Konjunkturpolitik.

Wer berät Facharbeiter oder Gesellen, die sich selbstständig machen möchten?

Die **Kammern** bzw. die hierfür zuständigen Beratungsstellen der Kammern.

Was sind Leistungsstörungen?

Leistungsstörung bedeutet, dass ein oder mehrere Vertragspartner ihren Verpflichtungen nicht nachkommen. Mögliche Leistungsstörungen sind:

- Nicht-Rechtzeitig-Zahlung (Zahlungsverzug)
- Nicht-Rechtzeitig-Lieferung (Lieferverzug)
- Schlechtleistung (Mangelhafte Lieferung)
- Gläubigerverzug (Annahmeverzug)
- Unmöglichkeit (Lieferung kann nicht erfolgen)

Wie werden Verzugszinsen berechnet?

Der **Zinsaufschlag** ist in § 288 BGB geregelt. Hiernach kann man bei einem Privatmann als Schuldner 5 Prozentpunkte über dem Basiszinssatz berechnen, für einen Geschäftsmann 9 Prozentpunkte.

Beispiel für eine Berechnung, wenn sich ein Privatmann bei einem Betrag von 10.000 € seit 29 Tagen in Verzug befindet.
Bei einem Basiszinssatz von derzeit -0,88 % (Stand 7 / 2016) ergibt sich für einen Privatmann folgende Rechnung:

$$\frac{10.000{,}00\ \text{€} \times 4{,}12\ (= \text{Basiszinssatz} + 5) \times 29\ (\text{Tage})}{100 \times 365\ (\text{Tage})}$$

Nenne zwei Rechte, die ein Verbraucher hat, wenn er einen Verbraucherkredit abschließt.

Der Verbraucher kann den Kreditvertrag innerhalb von **zwei Wochen** ohne Angaben von Gründen **widerrufen**. Die Widerrufsbelehrung muss im Vertrag deutlich und hervorgehoben im Vertrag stehen.

Außerdem kann der Kreditgeber bei einem Zahlungsverzug einen Verbraucherkredit nicht ohne Weiteres kündigen. Er muss vorher eine Frist setzen, außerdem muss eine Mindestverzugssumme erreicht sein.

Welche Bedingungen gelten für einen Kaufvertrag?

Ein Kaufvertrag bedingt **zwei übereinstimmende Willenserklärungen** (Antrag und Annahme). Ein Kaufvertrag ist an keine Form gebunden, kann also zum Beispiel auch mündlich erfolgen.

Beispiel
Du bestellst in deiner Mittagspause bei einem Imbiss eine Currywurst. Dies ist ein Antrag an den Imbissverkäufer, einen Kaufvertrag mit dir einzugehen. Wenn du die Currywurst erhältst (Annahme), ist ein Kaufvertrag zustande gekommen, da sich zwei Willenserklärungen decken (Kauf-Antrag und Kauf-Antrag-Annahme der Ware Currywurst).

Was besagt die Maslowsche Bedürfnispyramide?

Die Maslowsche Bedürfnispyramide besagt, dass Menschen den Drang haben, ihre Bedürfnisse zu befriedigen, wobei die dringlichsten Bedürfnisse stets den Vorrang haben.

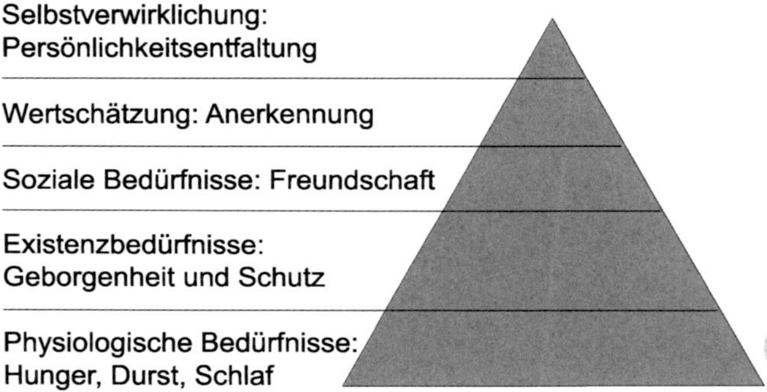

Was ist ein Monopol, Oligopol und ein Polypol?

Monopol
Bei einem Monopol gibt es nur einen Verkäufer und / oder Käufer (Beispiel: Vor der Privatisierung waren zum Beispiel die Post und die Telekom Monopolisten).

Oligopol
Es gibt nur wenige Anbieter und viele Nachfrager (Beispiel: Es gibt nur wenige Energiekonzerne, aber sehr viele Energieverbraucher).

Polypol
Es gibt viele Anbieter und viele Nachfrager (Beispiel hierfür ist der Lebensmittel-Einzelhandel).

Nenne jeweils mindestens zwei Beispiele für Unternehmenszusammenschlüsse mit und jeweils zwei ohne Kapitalbeteiligung.

Unternehmenszusammenschlüsse *ohne* Kapitalbeteiligung:
- Interessensgemeinschaft (IG)
- Arbeitsgemeinschaft (Arge)
- Kartelll

Unternehmenszusammenschlüsse *mit* Kapitalbeteiligung:
- Holding
- Konzern
- Fusion

Was gibt Aufschluss über die wirtschaftliche Lage eines Unternehmens?

Die wirtschaftliche Lage eines Unternehmens bzw. der **Unternehmenserfolg** lässt sich anhand der Bilanz und der Gewinn- und Verlustrechnung ablesen.

Die Bilanz liefert Auskunft über Aktiva = Vermögenswerte und Passive = Finanzierung der Vermögenswerte.

Die **GuV** gibt Auskunft über Aufwand und Erträge und den Gewinn.

Wie wird die Umsatzrendite (in %) berechnet?

$$\frac{\text{Gewinn x 100}}{\text{Umsatz}}$$

Wie lassen sich Rollenkonflikte am Arbeitsplatz am besten lösen?

Durch Gespräche mit den betroffenen Personen.

Nenne Beispiele für Besitz-, Verkehrs- und Verbrauchs-steuern.

Besitzsteuern: Körperschaftssteuer, Gewerbesteuer, Grundsteuer

Verkehrssteuern: Umsatzsteuer, Grunderwerbssteuer, Kfz-Steuer

Verbrauchssteuern: Mineralöl-, Tabak-, Biersteuer

Wie ist die Sozialgerichtsbarkeit aufgebaut?

Die Sozialgerichtsbarkeit ist – wie die Arbeitsgerichtsbarkeit – in drei Instanzen aufgebaut:

1. Instanz: örtliche Sozialgerichte
2. Instanz: Landessozialgericht (Berufungsinstanz)
3. Instanz: Bundessozialgericht in Kassel (Revisionsinstanz)

In der 3. Instanz herrscht Anwaltszwang

In allen drei Instanzen sind die Verfahren kostenfrei, was die Gerichtskosten betrifft, damit auch Menschen mit einem geringeren Einkommen ihre Rechte einfordern können.

Was leistet die Unfallversicherung?

Auswahl:

- zahlt die Kosten im Krankheitsfall bei Arbeitsunfällen, Arbeitswegeunfällen und Berufskrankheiten
- zahlt Unfall- und Verletztenrente
- übernimmt Kosten zur Unfallverhütung
- leistet Hinterbliebenenrenten (Witwen- oder Waisenrente)

Welche der gesetzlichen Sozialversicherungen muss in einer Rezession vermehrt Leistungen erbringen?

Die Arbeitslosenversicherung.

Welche negativen Folgen hat das System der sozialen Sicherung?

Folgen der sozialen Sicherung sind:

- Einkommen sinken
- Schwarzarbeit nimmt zu
- Staatsverschuldung wächst
- Lohnnebenkosten steigen

Was ist das Solidaritätsprinzip in Bezug auf die Sozialversicherung?

Es bezeichnet ein **grundlegendes Prinzip unserer Sozialversicherung**, das besagt, dass nicht ein Einzelner für sich alleine verantwortlich ist, sondern die Gemeinschaft.

Die Ansprüche, die eine Person erhebt, werden aus einem Topf bezahlt, in den alle Mitglieder eingezahlt haben.

Dazu gehört auch, dass Beiträge einkommensabhängig bezahlt werden. Wer mehr Geld zur Verfügung hat, zahlt mehr, wer weniger hat, zahlt weniger.

Was bedeutet E-Learning?

Lernen am **Computer** mit Hilfe von Softwareprogrammen (offline oder online).

Welche zusätzlichen Möglichkeiten der privaten Absicherung für den Krankheitsfall gibt es ergänzend zum Schutz der gesetzlichen Krankenversicherung?

Ergänzend können zum Beispiel folgende Versicherungen abgeschlossen werden:

- private Krankentagegeld-Versicherung
- private Krankenhaustagegeld-Versicherung
- private Zahnzusatzversicherung

Was bedeutet in Bezug auf Tarifverträge die sogenannte „Allgemeinverbindlichkeitserklärung“?

Wenn Tarifvertragsparteien beim Bundesministerium für Arbeit und Soziales einen Antrag stellen, dass Tarifverträge für allgemein verbindlich erklärt werden und dieser Antrag genehmigt wird, so sind auch nicht-tarifgebundene Unternehmen an die in den Tarifverträgen getroffenen Regelungen gebunden
(= **Allgemeinverbindlichkeitserklärung**).

Was ist der Aufsichtsrat?

Der **Aufsichtsrat** ist das Kontrollgremium einer Kapitalgesellschaft oder eines Unternehmens.

Für eine Aktiengesellschaft beispielsweise ist die Einrichtung des Aufsichtsrates vorgeschrieben. In diesem Fall kontrolliert er die Tätigkeiten des Vorstandes.

Unternehmen, wie z. B. eine GmbH, können Aufsichtsräte freiwillig einrichten.

Wer schließt Tarifverträge ab?

Das sind die Arbeitgeber bzw. Arbeitgeberverbände auf der einen Seite und die Gewerkschaften auf der anderen Seite.

Wie wird die Zugehörigkeit eines Unternehmens zu einer bestimmten Industriegewerkschaft festgelegt?

Der **Wirtschaftszweig** des Unternehmens bestimmt die Zugehörigkeit zu einer bestimmten Industriegewerkschaft.

Das heißt, dass zum Beispiel ein Betrieb der Stahlindustrie der Industriegewerkschaft Metall zugeordnet wird und ein chemieverarbeitendes Unternehmen der Industriegewerkschaft Bergbau, Chemie und Energie.

Was sind Arbeitgeberverbände, welche Ziele verfolgen sie?

Es sind Verbände, die die **Interessen der Arbeitgeber** vertreten, und zwar in Bezug auf sozialpolitische und tarifpolitische Angelegenheiten. Diese sind tariffähig.

Ziele sind z. B.:

- Abwehr gewerkschaftlicher Forderungen
- Eindämmung betrieblicher Mitbestimmung
- Maßnahmen zur Schaffung unternehmerfreundlicher Rahmenbedingungen
- weniger sozialpolitische Bedingungen in Arbeitsverträgen

Der Beitritt erfolgt freiwillig.

Welche gesetzlichen Regelungen gelten für schwerbehinderte Arbeitnehmer?

z. B.:

- fünf zusätzliche Tage Urlaub
- bei mindestens fünf Schwerbehinderten Anspruch auf einen Vertrauensmann, der dazu berechtigt ist, bei Betriebsratssitzungen teilzunehmen
- Ausgleichsabgabe, die von Unternehmen zu leisten ist, um die Förderung der Einstellung von Schwerbehinderten zu unterstützen
- auf Antrag Freistellung von Mehrarbeit

Nach welcher Vorgehensweise errechnet sich der Nettolohn?

Grundlohn	regelmäßiges Entgeld
+ Zulagen, VL, Sachbezüge, Einmalbezüge etc.	Regelmäßiges u. unregelmäßiges Entgelt
= Bruttolohn	Hiervon werden die gesetz. Abzüge entrichtet
- Lohnsteuer	Wird nach der Lohnsteuertabelle berechnet
- Solidaritätszuschlag	5,5 % der Lohnsteuer
- Kirchensteuer	Sofern der Arbeitnehmer einer Kirche angehört (8 % bzw. 9 % der Lohnsteuer)
- SV-Beiträge	KV, RV, AV und PV
= Nettolohn	Nach den gesetzlichen Abzügen
- VL	(Vermögenswirksame Leistungen)
- Sonstige Abzüge	Pfändungen, Arbeitgeberdarlehen
= Auszahlungsbetrag	Wird auf das Konto überwiesen

Wie lauten die verschiedenen sozial relevanten Arbeitsschutzgesetze?

Das sind z. B. folgende Gesetze:

- Jugendarbeitsschutzgesetz
- Mutterschutzgesetz
- Sozialgesetzbuch (SGB) Neuntes Buch (IX) - Rehabilitation und Teilhabe behinderter Menschen
- Kündigungsschutzgesetz
- Bundesurlaubsgesetz
- Arbeitszeitgesetz
- Bundeseltern- und Elternzeitgesetz

Wie häufig kann eine Abschlussprüfung bei Nichtbestehen wiederholt werden?

Zweimal.

Hierzu muss der Auszubildende jeweils eine **Verlängerung** der Ausbildung bis zum nächsten Prüfungstermin verlangen.

Demnach kann sich die Ausbildung bei zweimaligem Nichtbestehen der Prüfung um **maximal ein Jahr** verlängern.

Du verbringst deinen Urlaub in Spanien und wirst währenddessen krank. Du lässt dir ein ärztliches Attest ausschreiben.

Kannst du die Urlaubstage rückwirkend gutschreiben lassen?

Ja.

Laut **§ 9 BurlG** darf ärztlich attestierte Arbeitsunfähigkeit nicht auf den Jahresurlaub angerechnet werden. Auch ausländische ärztliche Atteste müssen anerkannt werden.

Was sollte in Bezug auf die Vergütung von Auszubildenden mit fortschreitender Berufsbildung gewährleistet sein?

Sie sollte laut § 17 Abs. 1 BBiG **jährlich ansteigen**.

Im Wortlaut heißt es:

„Ausbildende haben Auszubildenden eine angemessene Vergütung zu gewähren. Sie ist nach dem Lebensalter der Auszubildenden so zu bemessen, dass sie mit fortschreitender Berufsausbildung, mindestens jährlich, ansteigt."

Worin unterscheidet sich das individuelle vom kollektiven Arbeitsrecht? Nenne jeweils ein Beispiel.

Das individuelle Arbeitsrecht bezieht sich auf rechtliche Bedingungen, die für einen einzelnen Arbeitnehmer gelten.

Beispiel: Individualarbeitsvertrag (= Einzelarbeitsvertrag)

Das kollektive Arbeitsrecht bezieht sich auf rechtliche Bedingungen, die für alle Arbeitnehmer eines Betriebes oder einer Branche gelten.

Beispiel: Tarifvertrag, Betriebsvereinbarungen

Welche Vor- und Nachteile hat eine Verlagerung der Produktion ins Ausland?

Vorteile:
- niedrige Lohnkosten und Lohnnebenkosten (z. B. für die soziale Sicherung)
- geringe Umweltschutz- und Sicherheitsauflagen

Nachteile:
- ggf. schlechte Infrastruktur
- politische Unruhen und wirtschaftliche Instabilität
- schlechtes Image (Ausbeutung, Kinder- und Zwangsarbeit)
- keine ausgebildeten Facharbeiter
- ggf. schlechte Fertigungsanlagen, ggf. schlechte Qualität in der Produktion

Was ist das Bruttonationaleinkommen?

Bruttonationaleinkommen (BNE): Zu Marktpreisen berechneter Wert aller in einer Volkswirtschaft in einem bestimmten Zeitraum produzierten Güter- und Dienstleistungen.

Bei der Berechnung wird das vom Ausland empfangene und geleistete Erwerbs- und Vermögenseinkommen mitberücksichtigt (Inländerprinzip).

Beim BNE ist nicht ausschlaggebend, dass die Wertschöpfung im Land erbracht wurde, sondern nur, dass sie von einer in Deutschland lebenden Person erbracht wurde. Hierin liegt die Abgrenzung zum BIP.

Kann eine Hochkonjunktur durch Offenmarktgeschäfte der EZB und Steuererhöhungen des Bundes abgeschwächt werden?

Ja, und das ist auch sinnvoll, damit die Wirtschaft nicht überhitzt. Indem die EZB Wertpapiere und Devisen an die Kreditinstitute verkauft, entzieht sie dem Markt Geld.

Wo kein Geld ist, kann nicht investiert werden. Das schwächt die Konjunktur. Auch Steuererhöhungen entziehen den Verbrauchern und Unternehmen Geld. Wenn der Staat dieses Geld hortet, steht es der Wirtschaft nicht mehr für weiteres Wachstum zur Verfügung.

Welche Gründe können zum Scheitern einer Selbständigkeit führen?

Gründe können zum Beispiel sein:

- zu wenig Eigenkapital
- zu hohe Gewinnentnahmen
- kaufmännische Unwissenheit

Wozu dienen Verbraucherzentralen und die Stiftung Warentest? Nenne in diesem Zusammenhang mindestens ein Gesetz, das dem Verbraucherschutz dient.

Sie dienen dazu, Verbraucher umfassend über Produkte und Produkteigenschaften neutral und kompetent zu informieren. Sie dienen dem **Verbraucherschutz** und der **Verbraucherberatung**.

Gesetze, die dem Verbraucherschutz dienen sind z. B.:

- Produkthaftungsgesetz
- Datenschutzgesetz

Was bedeutet Eigentumsvorbehalt?

Es bedeutet, dass das Eigentum erst **nach vollständiger Bezahlung** an den Käufer übergeht.

Was sind AGB und wozu dienen sie?

AGB = **Allgemeine Geschäftsbedingungen** sind allgemeine Vertragsbedingungen von Unternehmen, die für Verträge mit diesem Unternehmen grundsätzlich gelten.

Sie dienen dazu, den Geschäftsverkehr zu erleichtern, da durch sie nicht für jeden einzelnen Vertrag Vertragsbedingungen ausgearbeitet werden müssen. Dies spart Zeit und Kosten.

Erklärt sich der Käufer mit den AGB einverstanden, so gelten sie für den zustande gekommenen Vertrag (z. B. Kaufvertrag).

Was ist ein Werklieferungsvertrag?

Ein **Frachtvertrag** (= Werkvertrag) wird zwischen dem **Absender** und dem **Frachtführer** geschlossen (**ggf. mündlich**). Er legt fest, dass der Absender die Versandkosten zahlt und der Frachtführer die Ware zum Empfänger liefert (**BEFÖRDERUNG**). Es handelt sich hierbei um einen Werkvertrag.

Ein **Speditionsvertrag** (= Dienstvertrag) wird zwischen **Absender** und **Spediteur** geschlossen. Der Spediteur organisiert den Transport / die Lieferung. Er schließt dafür ggf. einen Frachtvertrag mit einem Unternehmen (Frachtführer), dass die Ware dann letztendlich ausliefert (**BESORGT DIE BEFÖRDERUNG**).

Was sind einseitige und was sind mehrseitige Rechtsgeschäfte?

Einseitige Rechtsgeschäfte: Nur eine Person gibt eine Willenserklärung ab; das heißt, dass nur eine Seite zweier oder mehrerer Vertragspartner sich verpflichtet, etwas zu tun (z. B. Bürgschaft, Kündigung).

Zweiseitige (bzw. mehrseitige) Rechtsgeschäfte: Mindestens zwei Personen geben eine Willenserklärung ab. Beide Seiten werden verpflichtet. Dies ist beim Kaufvertrag der Fall. Der Verkäufer muss dem Käufer die Ware übergeben und die Bezahlung annehmen. Der Käufer muss die Ware annehmen und bezahlen (Verpflichtungsgeschäft). Weitere Beispiele: Pachtvertrag, Schenkungsvertrag, Leihvertrag, Mietvertrag

In welcher Abhängigkeit stehen Bedürfnis und Bedarf?

Der **Bedarf** bezieht sich auf die **Bedürfnisse**, die ein einzelner Mensch mit vorhandenen Mitteln (z. B. seinem zur Verfügung stehenden Geld) **befriedigen**, d. h. decken **kann**.

Der Bedarf drückt demnach diejenigen Bedürfnisse aus, deren Befriedigung sich ein Mensch durch konkrete wirtschaftliche Güter erhofft.

Beispiel
Bedürfnis: Bedürfnis nach Nahrung (Hunger)
Bedarf: Brot

Worin unterscheidet sich die Kooperation von der Konzentration und welche Arten von Konzentrationen gibt es?

Man unterscheidet **Kooperationen** und **Konzentrationen**. **Kooperationen** sind Zusammenschlüsse von mindestens zwei Unternehmen, die rechtlich und wirtschaftlich unabhängig bleiben.

Konzentrationen sind Zusammenschlüsse, die ihre wirtschaftliche oder wirtschaftliche und rechtliche Selbstständigkeit gänzlich oder partiell aufgeben. Man unterscheidet hierbei folgende Arten:

diagonal (anorganisch / lateral): Branchenübergreifender Zusammenschluss

vertikal: Unternehmen auf vor- oder nachgelagerten Handels- oder Produktionsstufen schließen sich zusammen

horizontal: Tätigkeit der sich zusammenschließenden Unternehmen auf gleicher Produktions-/Handelsstufe

Wie ist die Gewinnverteilung bei einer GmbH geregelt?

Über die Gewinnverwendung einer GmbH eines Jahres wird erst im Folgejahr entschieden.

Wenn die freiweilligen Rücklagen (Gesellschafterversammlung) feststehen, werden diese vom Gewinn abgezogen.

Die **Gewinnverteilung des restlichen Betrages kann nach Geschäftsanteilen** (Anteile der Gesellschafter am Gesamtkapital) erfolgen. Es steht jedoch jeder GmbH frei, die Gewichtung selbst zu regeln (z. B. in Abhängigkeit von der Funktion, den Aufgaben, den Sacheinlagen der Gesellschafter)

Wie wird die Wirtschaftlichkeit berechnet?

Die **Wirtschaftlichkeit** drückt das **wertemäßige** Verhältnis des Ertrages zum Aufwand aus (beide werden in Geld bewertet).

z. B. $$\frac{10.000{,}00 \text{ € (Ertrag)}}{2.000{,}00 \text{ € (Aufwand)}}$$

Die Wirtschaftlichkeit drückt aus, in welchem Maß das ökonomische Prinzip umgesetzt wurde.

Die Wirtschaftlichkeit sollte größer als 1 sein. Nur dann fährt ein Unternehmen Gewinne ein und arbeitet wirtschaftlich.

Was ist ein Investitionsgut?

Definiere in diesem Zusammenhang den Begriff „Investition“.

Ein **Investitionsgut** ist langlebiges Gut, das von Unternehmen angeschafft wird, um Güter herzustellen (= gewerbliche Gebrauchsgüter). Zu diesen gehören zum Beispiel Anlagen oder Maschinen.

Unter **Investition** versteht man allgemein die Mittelverwendung für unternehmerische Zwecke, so zum Beispiel als mittel- oder langfristige Anlage von Kapital für Produktionsmittel.

Was wird mithilfe einer Potenzialanalyse ermittelt?

Bei einer **Potenzialanalyse** werden in strukturierter Form die Fähigkeiten bzw. Kompetenzen einer Person ermittelt . Aus ihr heraus soll versucht werden, den beruflichen Werdegang bewusst in die richtige Richtung zu lenken. Ziel ist es, vor dem Hintergrund der Ergebnisse, berufliche Fehlentscheidungen zu vermeiden und eine möglichst erfolgreiche berufliche Karriere ansteuern zu können.

In welcher Form fördert der Staat die private Vorsorge?

Der Staat fördert die private Vorsorge durch:

- Zuschüsse (Riester-Rente / Rürup-Rente)
- Steuerbegünstigungen für Vorsorgeaufwendungen, die als Sonderausgaben von der Steuer abgesetzt werden können.

Wer stellt die Pflegebedürftigkeit von Personen fest?

Der Medizinische Dienst der Krankenkassen (MDK)

Was leistet die Krankenversicherung?

Auswahl:

- zahlt die Kosten im Krankheitsfall (z. B. ambulante Behandlung, Krankenhausaufenthalt, Arznei- und Hilfsmittel)
- betreibt Gesundheitsfürsorge (Vorsorgeuntersuchungen: die U's bei Babys und Kindern oder Krebsvorsorge etc.)
- leistet Mutterschaftshilfe

Wann kann sich ein Arbeitnehmer in Bezug auf die Krankenversicherung privat absichern?

Wenn der durchschnittliche Bruttoverdienst höher ist als die **Versicherungspflichtgrenze**. Und dies muss bereits für ein Jahr zutreffen, nur dann kann ein Arbeitnehmer von der gesetzlichen in die private Krankenversicherung wechseln.

Die Versicherungspflichtgrenze beträgt für 2016:

Jahresgrenze 2016: 56.250,00 €
Monatsgrenze 2016: 4.687,50 €

Wann ist die betriebliche Kennzahl „Rentabilität“ negativ?

Wenn ein Unternehmen Verlust macht.

Wozu dient in der Europäischen Union das Förderprogramm *Leonardo da Vinci*?

Mit dem **Förderprogramm** *Leonardo da Vinci* können junge Menschen im Rahmen ihrer Berufsausbildung ins Ausland gehen und bekommen hierfür Unterstützung.

So können Auszubildende einen Teil ihrer Ausbildung in einem anderen EU-Land absolvieren.

Was bedeutet „Mobilität“ in Bezug auf die Arbeitswelt?

Mobilität bedeutet, beweglich zu sein und dies in dreifacher Hinsicht:

räumlich: Hiermit ist die Bereitschaft gemeint, für einen Arbeitsplatz seinen Wohnort zu wechseln oder in ein anderes Land zu ziehen.

persönlich / geistig: Hiermit ist die Bereitschaft gemeint, sich ständig weiterzuentwickeln und sich über die fachbezogenen Qualifikationen hinaus Kompetenzen im persönlichen oder methodischen Bereich anzueignen.

sozial: Hiermit ist die Bereitschaft gemeint, sich im Bereich sozialer Kompetenz zu verbessern; ggf. auch neue Positionen anzunehmen, ob als Abstieg oder Aufstieg.

Für welche Sozialversicherung muss der Arbeitnehmer keine Beiträge zahlen?

Für die gesetzliche Unfallversicherung. Die Beiträge werden hier vollumfänglich vom Arbeitgeber bezahlt.

Wer ist für den Betriebsrat wahlberechtigt (aktives und passives Wahlrecht)?

Aktives Wahlrecht: alle Arbeitnehmer, die das 18. Lebensjahr vollendet haben (egal, wie lange sie dem Betrieb angehören).

Passives Wahlrecht: alle Arbeitnehmer, die dem Betrieb mindestens sechs Monate angehören.

Die Wahl ist unmittelbar und geheim. Es besteht keine Wahlpflicht.

Was fällt unter das Anhörungsrecht des Betriebsrates?

Im Falle des **Anhörungsrechts** muss der Betriebsrat vor einer Entscheidung angehört werden und kann seine Zustimmung verweigern (Zustimmungsverweigerungsrecht). Dies ist in personellen Angelegenheiten der Fall, wie zum Beispiel im Falle:

- der Festlegung von Grundsätzen zur Beurteilung von Mitarbeitern
- von Gestaltungen der Arbeitsplätze
- von ordentlichen und außerordentlichen Kündigungen

Was bedeutet Friedenspflicht?

Während ein Tarifvertrag läuft, dürfen **keine Arbeitskampfmaßnahmen** (Streik, Aussperrung) durchgeführt werden; auch Forderungen oder Nachforderungen sind nicht zulässig (dies bis vier Wochen nach Ablauf des Tarifvertrages).

Was sind Gewerkschaften und welche Aufgaben haben diese?

Die **Gewerkschaften** vertreten die Interessen der Arbeitnehmer. Sie verfolgen als Interessensverband insbesondere wirtschaftliche und soziale Interessen der abhängig Beschäftigten. Gewerkschaften sind – wie die Arbeitgeberverbände – **tariffähig**.

Aufgaben sind zum Beispiel:

- Führen von Verhandlungen in Bezug auf Lohn- und Manteltarifverträge
- Unterstützung bei Streiks und Aussperrungen
- Wahrung der Interessen der Arbeitnehmer

Hat der Betriebsrat das Recht, einer ordentlichen Kündigung zu widersprechen?

Ja. Laut § 102 III BetrVG hat der Betriebsrat **Widerspruchsrecht** bei ordentlichen Kündigungen. Für den Widerspruch muss die **Frist von einer Woche** gewahrt werden. Dieser muss unter Angaben der Gründe schriftlich erfolgen.

Hinweis: Auch im Falle einer außerordentlichen Kündigung kann der Betriebsrat seine Bedenken äußern. Diese hat er unter Angabe der Gründe dem Arbeitgeber unverzüglich, spätestens jedoch innerhalb von drei Tagen, schriftlich mitzuteilen.

Worin unterscheidet sich das einfache vom qualifizierten Zeugnis?

Das **einfache Zeugnis** enthält folgende Bestandteile:
- Angaben zum Arbeitgeber (Name und Anschrift)
- Angaben zur Person des Empfängers (Name und Geburtsdatum)
- Art und Dauer der Beschäftigung
- Beschreibung der Tätigkeit (Aufgaben und Funktion)
- Datum und Unterschrift des Ausstellers

Zusätzlich beinhaltet das **qualifizierte Zeugnis**:
- Angaben zu Führung und Sozialverhalten
- Angaben zu Leistung und Sachkompetenz

Ein qualifiziertes Zeugnis muss dem Mitarbeiter **auf Verlangen** ausgestellt werden.

Wann besteht Kündigungsschutz?

Kündigungsschutz besteht, wenn das Arbeitsverhältnis mindestens sechs Monate besteht (§ 1 KSchG) und wenn im Betrieb mehr als zehn Arbeitnehmer beschäftigt sind (§ 23 KSchG).

Hier besteht eine **Bestandsschutzregelung**:
Wer **vor** dem 01.01.2004 (Inkrafttreten der Neuregelung) Kündigungsschutz hatte, behält diesen, auch wenn weniger als zehn Arbeitnehmer beschäftigt werden.

Worin unterscheidet sich der Bruttolohn vom Nettolohn und worin unterscheidet sich der Nominallohn vom Reallohn?

Bruttolohn: vor Abzug von Sozialversicherungsbeiträgen und Steuern

Nettolohn: nach Abzug von Sozialversicherungsbeiträgen und Steuern

Nominallohn: Lohn- bzw. Gehaltsbetrag ohne Berücksichtigung der Kaufkraft

Reallohn: Lohn- bzw. Gehaltsbetrag mit Berücksichtigung der Kaufkraft.

Basis-Lernkarten Wirtschafts- und Sozialkunde

Technische und verwandte Berufe, Thema: Der Jugendliche in Ausbildung und Beruf

Was ist im Handwerk unter einer „Verbundausbildung“ zu verstehen?

Wenn zwei oder mehrere Betriebe zusammen eine Ausbildung durchführen, spricht man von einer Verbundausbildung.

Bei dieser Art der Ausbildung vermitteln die Betriebe jeweils unterschiedliche Fertigkeiten und Kenntnisse, für die sie sich als Unternehmen spezialisiert haben.

Der Vertrag wird jedoch nur mit einem Betrieb geschlossen.

Du fährst mit deinem Fahrrad zu deinem Ausbildungsbetrieb und stürzt vom Fahrrad. Dein Bein ist gebrochen.

Wer muss in diesem Fall die Arzt- und Behandlungskosten zahlen?

Die **Berufsgenossenschaft**.

Sie ist für Unfälle während der Arbeit und für Wegeunfälle zur / von der Arbeit zuständig und hat in solchen Fällen die Behandlungskosten zu zahlen.

Wie muss die Kündigung eines Berufsausbildungsvertrages oder eines Arbeitsvertrages erfolgen?

Eine Kündigung muss grundsätzlich **schriftlich** erfolgen und darf nicht auf elektronischem Wege (z. B. E-Mail oder SMS) übermittelt werden.

Das heißt: Entweder muss die Kündigung persönlich übergeben oder postalisch zugesandt werden.

Kann ein Ausbildungsvertrag auch mündlich abgeschlossen werden?

Ja, im Grunde genommen ist ein schriftlicher Berufsausbildungsvertrag nicht zwingend nötig, wenngleich es üblich ist, dass ein solcher ausgefertigt wird.

Für alle Berufsausbildungen gilt jedoch, dass nach Abschluss eines Berufsausbildungsvertrages unverzüglich eine Eintragung bei der zuständigen Kammer erfolgen muss. Also entweder bei der IHK oder – im Falle eines handwerklichen Berufes – bei der Handwerkskammer; dort wird die Ausbildung in die Lehrlingsrolle eingetragen.

Was bedeutet Globalisierung?

Als **Globalisierung** wird die zunehmende weltweite Verflechtung in den verschiedenen Lebensbereichen, insbesondere im Bereich der Wirtschaft (weltweiter Handel) bezeichnet.

Durch die zunehmende weltweite Vernetzung der Wirtschaft steigen die Ansprüche an die Arbeitnehmer (z. B. in Bezug auf Sprachkenntnisse, Flexibilität und Mobilität).

Was ist das Bruttoinlandsprodukt?

Bruttoinlandsprodukt (BIP): Wert aller im Laufe eines Jahres erzeugten Waren & geleisteten Dienste. Mit ihm wird die Leistung einer Volkswirtschaft bemessen. Das **reale** BIP errechnet sich mittels des Preisindex aus dem **nominalen** BIP:

$$\text{BIP real} = \frac{\text{BIP nominal}}{\text{Preisindex}} \times 100$$

Berücksichtigt werden hierbei Wertschöpfungen, die innerhalb des Landes erbracht wurden (Inlandsprinzip).

Was bedeutet es, wenn man von antizyklischer Fiskalpolitik spricht?

Wenn der Staat in einer Hochkonjunktur weniger Geld ausgibt und in einer Rezession mehr, dann sprechen wir von einer **antizyklischen Fiskalpolitik**.

Mit welchen Maßnahmen fördert der Staat den Weg in die Selbstständigkeit?

Förderung der **Kreditwürdigkeit** durch den Staat durch Bürgschaften seiner Kreditanstalten oder durch zinsgünstige Darlehen.

Unterstützung von **Gewerbeansammlungen** in strukturell schwachen Gebieten.

Zuschüsse durch die Bundesagentur für Arbeit (z. B. Zuschüsse zum Lebensunterhalt, Zuschüsse zu Lohnkosten bei Beschäftigung von Langzeitarbeitslosen).

Förderung von Gewerbetreibenden durch **günstige Grundstücke** durch die Kommunen, Förderung durch die Kammern durch kostenlose Beratung und niedrige Beiträge.

Was bedeutet Gewährleistung?

Gewährleistung bedeutet, dass der Verkäufer für den Zustand der Ware **zum Zeitpunkt des Kaufs** zwei Jahre lang haftet.

Bsp.: War das Auto bereits beim Kauf defekt, muss der Verkäufer dafür zwei Jahre lang haften. Schäden, die erst **nach** dem Kauf entstehen, fallen **nicht** unter die Gewährleistung!

Besonderheit: Tritt der Mangel in den **ersten sechs Monaten** auf, wird davon ausgegangen, dass der Mangel von Anfang an vorhanden war. Dann muss der Verkäufer beweisen, dass dies nicht so war (§ 476 BGB).

Welche Rechte hat ein Käufer, wenn ihm mangelhafte Ware zugeht?

Der Käufer hat **vorrangig** das Recht auf Nacherfüllung, und zwar entweder als

- Nachbesserung (Beseitigung des Mangels) oder
- Nachlieferung (Lieferung mangelfreier Ware)

Der Käufer hat **nachrangig** entweder bei erfolgloser Nachfrist, erfolgloser Nacherfüllung oder Verweigerung der Nacherfüllung durch den Verkäufer folgende Rechte:

- Rücktritt vom Vertrag oder Minderung des Kaufpreises
- Schadensersatz statt Leistung

Welche Arten von Zahlungen im Zahlungsverkehr werden unterschieden? Erkläre in diesem Zusammenhang, was Buchgeld bedeutet.

Zu den **Zahlungsarten** gehören:

- Barzahlung (direkte Übergabe des Geldbetrages)
- halbbare Zahlung (Einzahlung eines Betrages auf ein Konto)
- bargeldlose Zahlung (Zahlung von Konto zu Konto)

Wenn Geldbeträge von Konto zu Konto bewegt werden, spricht man von **Buchgeld** oder **Giralgeld**.

Worin unterscheidet sich der Frachtvertrag vom Speditionsvertrag?

Bei dieser Art von Vertrag ist der Gegenstand die Lieferung einer **noch herzustellenden oder zu erzeugenden beweglichen Sache**, wobei das Werk (im Unterschied zum Werkvertrag) aus eigenem oder einem vom Auftragnehmer zu beschaffenden Stoff herzustellen ist.

Beispiele hierfür sind: individuelle Maßanfertigungen im Kleidungsbereich, Herstellung eines maßgefertigten Einbauschrankes.

Nenne jeweils ein Beispiel für eine empfangsbedürftige und eine nicht empfangsbedürftige Willenserklärung.

Das **Testament** ist eine **nicht empfangsbedürftige** Willenserklärung.

Die **Kündigung** ist eine **empfangsbedürftige** Willenserklärung, d. h. sie muss in den „Machtbereich“ (Einflussbereich) des Empfängers eindringen, z. B. den Briefkasten.

Erst nach Zugang ist die Kündigung wirksam.

Was ist ein Haustürgeschäft und wie lange gilt hierbei das Widerrufsrecht?

Wenn Waren an der Haustür angeboten und verkauft werden, spricht man von einem **Haustürgeschäft**.

Es gilt ein Widerrufsrecht von 2 Wochen ohne Angabe von Gründen.

Was ist ein Konzern und was ist ein Kartell?

Bei einem **Konzern** handelt es sich um einen Zusammenschluss von mind. zwei Unternehmen, von denen mind. eines seine wirtschaftliche Selbstständigkeit aufgibt, die rechtliche jedoch behält (Holding / Mutter-Tochtergesellschaft).

Bei einem **Kartell** handelt es sich um rechtlich selbständige Unternehmen, die den Wettbewerb zu ihren eigenen Gunsten beeinflussen (wollen). Hierzu schließen zwei oder mehrere Unternehmen Vereinbarungen. Dies geschieht zum Beispiel durch illegale Preis-, Produktionsmengenabsprachen oder Absprachen über die Gebietsaufteilung des Marktes.

In der EU herrscht ein Kartellverbot, um einen fairen Wettbewerb zu sichern und um die Marktbeherrschung durch einzelne Unternehmen zu verhindern.

Wie ist die Gewinnverteilung bei einer OHG geregelt?

Laut § 121 HGB richtet sich die Gewinnverteilung bei einer Offenen Handelsgesellschaft (OHG) nach der Höhe der Kapitaleinlage. Diese wird mit **4 % verzinst**. Der **Rest** wird **nach Köpfen** verteilt.

Wie wird die Produktivität ermittelt?

Die **Produktivität** (Arbeits-, Material- und Kapitalproduktivität) drückt das **mengenmäßige** Verhältnis des Ertrags zum Aufwand (Einsatz von Produktionsfaktoren wie z. B. Arbeitsstunden, Werkstoffeinheiten, Betriebsmitteleinheiten) aus.

z. B. $$\frac{\text{20 Stück (Ertrag / Ausbringungsmenge)}}{\text{5 Mannstunden (Aufwand / Einsatzmenge)}}$$

Worin unterscheidet sich das Konsumgut vom Produktionsgut?

Grundsätzlich kann man Güter in **Konsumgut** und **Produktionsgut** unterteilen. Beide können in Gebrauchsgut (für längere Zeit oder dauerhaft verwendet) und Verbrauchsgut (wird durch Verwendung verzehrt) gegliedert werden.

Konsumgut: Für privaten Ge- und Verbrauch
Konsumgut + Verbrauchgut: z. B. Lebensmittel
Konsumgut + Gebrauchsgut: z. B. Wohnung

Produktionsgut: Für die Produktion (untersch. in Gebrauchsgut = **Investitionsgut** und Verbrauchsgut = **Vorleistungsgut**)
Produktionsgut + Gebrauchsgut: z. B. Maschinen
Produktionsgut + Verbrauchsgut: z. B. Lacke

Worin unterscheiden sich intrinsische und extrinsische Motive?

Menschen werden durch verschiedene Motive bewegt, etwas im Hinblick auf ihre berufliche Karriere zu tun. Man unterscheidet **intrinsische** und **extrensische** Motive:

intrinsische Motive: Das sind nach innen gerichtete Motive, zu diesen gehören zum Beispiel das Gefühl nach Sicherheit, Zufriedenheit

extrensiche Motive: Das sind nach außen gerichtete Motive, wie z. B. hohes Ansehen, Reichtum, hoher gesellschaftlicher Status

Nenne Beispiele für Einnahmequellen neben der Erwerbstätigkeit.

Neben der Erwerbstätigkeit gibt es zum Beispiel noch folgende Einnahmequellen:

- Einmalige Leistungen des Arbeitgebers (z. B. Prämien)
- Zinsen aus Geldanlagen
- Dividenden aus Aktienbesitz
- Fällige Lebensversicherungen
- Erbschaften
- Gewinne aus Glücksspielen

Einnahmen sind grundsätzlich steuerpflichtig!

Was leistet die Pflegeversicherung?

Die Pflegeversicherung übernimmt Sach- und Geldleistungen sowie Zusatzleistungen zur Pflege von pflegebedürftigen Personen.

Die Höhe der Leistungen richtet sich nach der Art der Leistung (ambulante Pflege durch Angehörige, professionelle Pflegedienste ambulant oder stationär) und nach der Einstufung in die Pflegestufen I bis III.

Was leistet die Rentenversicherung?

Auswahl:

- zahlt Rente wegen Erwerbsminderung und Alter
- übernimmt die Kosten für Heilbehandlungen zur Verbesserung der Erwerbstätigkeit
- trägt die Berufsförderung (z. B. Umschulung)
- zahlt Hinterbliebenenrenten (Witwen- oder Waisenrente)

Darf ein Arbeitnehmer während seines Urlaubes eine andere Erwerbstätigkeit ausüben?

Nein.

Wie kann eine Erhöhung der Arbeitsproduktivität erzielt werden?

Eine Erhöhung der Arbeitsproduktivität kann z. B. bewirkt werden durch:

- Einführung von Leistungslohn
- Einführung von Akkordarbeit
- Verbesserung von Fertigungsabläufen

Was ist die Europäische Sozialcharta?

Die **Europäische Sozialcharta** garantiert wirtschaftliche, soziale und kulturelle Rechte, die nicht in der **Europäischen Menschenrechtskonvention** enthalten sind.

Ihr Ziel: Schutz sozialer und wirtschaftlicher Grundrechte (z. B. Recht auf Arbeit, Recht auf Schutz vor sexueller Belästigung am Arbeitsplatz) und die Förderung der Sozialpolitik in Europa.

Was bedeutet „berufliche Flexibilität“?

Es bedeutet, dass eine Person die Fähigkeit besitzt, sich auf veränderte, auch **neue Anforderungen** im Beruf einzustellen und diese umzusetzen.

Dies z. B. durch die Annahme von veränderten Arbeitsbedingungen, durch die Bereitschaft, sich ständig weiterzubildenden und neue Qualifikationen zu erwerben, die nötig sind.

Wie heißen die Zweige der gesetzlichen Sozialversicherung?

- Krankenversicherung
- Pflegeversicherung
- Arbeitslosenversicherung
- Rentenversicherung
- Unfallversicherung

Wer ist kein Arbeitnehmer im Sinne des Betriebsverfassungsgesetzes und hat demzufolge kein Wahlrecht für den Betriebsrat?

Das sind z. B. Leitende Angestellte, Geschäftsführer einer GmbH, betriebsfremde Aktionäre, Vorstandsmitglieder einer AG sowie der Ehegatte des Arbeitgebers.

Wann hat der Betriebsrat lediglich Informations- und Beratungsrechte?

Vornehmlich in wirtschaftlichen Angelegenheiten. In diesen Fällen ist der Betriebsrat lediglich **zu unterrichten**, er hat aber **kein** Mitbestimmungs- oder Zustimmungsverweigerungsrecht:

- Personalbedarfsplanung
- Um- und Erweiterungsbauten
- Einstellung von leitenden Angestellten
- Einführung neuer Produkte

In welchen Schritten verläuft eine Arbeitskampfmaßnahme (Streik)?

1. Kündigung des Tarifvertrages und Aufnahme von Tarifverhandlungen
2. ggf. Warnstreiks
3. Schlichtungsverfahren, bei Scheitern der Schlichtung →
4. Urabstimmung über eine Arbeitskampfmaßnahme (Streik bei 75 % Zustimmung der Gewerkschaftsmitglieder)
5. Ausrufung des Streiks, Beginn des Streiks, Streikdurchführung
6. Wiederaufnahme der Verhandlungen
7. Abschluss eines neuen Tarifvertrages
8. Urabstimmung über das Ergebnis der neuen Tarifverhandlungen
9. Nach Annahme durch die Gewerkschaftsmitglieder (25 %) ...
10. Beendigung des Streiks

Was ist der DGB und wozu dient er?

Deutscher Gewerkschaftsbund. Er ist der Dachverband der Einzelgewerkschaften, die hierin Mitglied sind.

Der DGB ist im Gegensatz zu den Einzelgewerkschaften **nicht** tariffähig. Er **unterstützt die Einzelgewerkschaften** und vertritt die sozial- und wirtschaftspolitischen Interessen der gesamten Arbeitnehmerschaft gegenüber Regierung, Parlament, Behörden, Wirtschaft, Gesellschaft und Bildungswesen.

Der DGB beteiligt sich u. a. an Unternehmen und ist dann dort Arbeitgeber.

Welche Fragen sind in einem Einstellungsgespräch unzulässig und müssen nicht wahrheitsgemäß beantwortet werden?

Fragen zu:

- Schwangerschaft
- Krankheit
- Religionszugehörigkeit
- Vergütung beim Vorarbeitgeber
- Heiratsabsichten
- politische Gesinnung

Welchen Abschluss erhalten Auszubildende im Handwerk nach bestandener Prüfung?

Geselle.

Welche Personengruppen genießen besonderen Kündigungsschutz und welche nicht?

Besonderen **Kündigungsschutz** genießen:

- Auszubildende
- werdende Mütter, Eltern in Elternzeit
- Mitglieder der Jugend- und Auszubildendenvertretung
- Mitglieder des Betriebsrates
- schwerbehinderte Personen
  (nur mit Zustimmung des Integrationsamtes)

Keinen besonderen Kündigungsschutz genießen z. B. Vertrauensleute, (minderjährige) Jugendliche, ältere Personen, ausländische Personen

Nenne die verschiedenen Lohnarten.

Zeitlohn: fester Lohn für jeden Monat auf Basis von Stunden (Bruttolohn = Stundenlohn x Anzahl der geleisteten Stunden / Monat) oder einer festen Gehaltssumme.

Leistungslohn: Lohn abhängig von der Leistung

Prämienlohn: Fixum + Prämie für bestimmte festgelegte Zusatzleistungen (Menge, Qualität etc.)

Akkordlohn: Lohn für jedes hergestellte Stück (Geldakkord), Lohnsteigerung bei erhöhter Menge (über 100 %) (Zeitakkord)

Beteiligungslohn: Fixum + z. B. Gewinn-, Kapital- oder Umsatzbeteiligung

Was ist im Handwerk unter einer „auftragsbezogenen Ausbildung" zu verstehen?

Auftragsbezogene Ausbildung bedeutet, dass die Ausbildung anhand von realen Kundenaufträgen, die im Betrieb vorliegen, erfolgt.

Vorteil: Nähe zu Anforderungen im Berufsalltag („echte" Aufträge, Kundennähe).

Nachteil: Kann je nach Betrieb und die hierin vorliegenden Schwerpunkte und Spezialisierungen unter Umständen einseitig sein.

Ein Mitarbeiter hat zum 01.03. des Jahres eine reguläre Stelle in deinem Ausbildungsbetrieb angetreten. Nach 5 Monaten wird ihm gekündigt. Der Mitarbeiter erhebt Einspruch und beruft sich auf das Kündigungsschutzgesetz.

Bekommt er Recht?

Nein, da es sich nicht um einen Auszubildenden / eine Auszubildende handelt und der Mitarbeiter nicht länger als sechs Monate angestellt war (§ 1 Abs. 1 KSchG).

In einem solchen Fall gibt es **keinen Kündigungsschutz**.

Kann ein Auszubildender bzw. eine Auszubildende einen Ausbildungsvertrag nach Ablauf der Probezeit kündigen?

Ja, mit einer Frist von 4 Wochen. Wenn sich der Auszubildende bzw. die Auszubildende dazu entscheidet, eine andere Ausbildung zu absolvieren oder die Ausbildung zu beenden.

Auch dann, wenn er aus wichtigem Grund kündigt. Kündigungen aus wichtigem Grund sind außerordentliche Kündigungen. Wenn es für den Vertragspartner unzumutbar wäre, aufgrund der Vorfälle weiterzuarbeiten, kann die Kündigung fristlos erfolgen. Das heißt, dass keine Kündigungsfrist eingehalten werden muss.

Welche Institutionen sind für die Ausbildung grundsätzlich zuständig?

Für gewerbliche und kaufmännische Berufe sind die Industrie- und Handelskammern zuständig.

Für handwerkliche Berufe sind grundsätzlich die Handwerkskammern zuständig.

Bei den Kammern kann zum Beispiel auch erfragt werden, ob und welche Inhalte für die Ausbildung relevant sind. Auszubildende können sich hier bei Unsicherheiten während der Ausbildung informieren.

Wie nennt man die Auslagerung betrieblicher Prozesse und welche Vor- und Nachteile sind mit dieser verbunden?

Oursourcing.

Vorteile:
- Konzentration auf Kernkompetenzen
- Senkung von Kosten
- ggf. hohe Qualität und hohes Know-how

Nachteile:
- Abhängigkeit von anderen Unternehmen
- Verringerung / Herausgabe des eigenen Know-hows
- ggf. Probleme bei der Zuverlässigkeit
- Reduzierung von Arbeitsplätzen

Welche Auswirkungen haben Steuererhöhungen und Steuersenkungen auf die Konjunkturpolitik?

Steuererhöhungen: Durch Erhöhung der Steuern steht den Privathaushalten weniger Einkommen zur Verfügung.

Die Folge: Die Konjunktur wird **gedämpft**.

Steuersenkungen: Hierdurch steht den Privathaushalten mehr Einkommen zur Verfügung.

Die Folge: Die Konjunktur wird **belebt**.

Was sind Mindestreserven?

Mindestreserven sind Einlagen, die die Geschäftsbanken an der Europäischen Zentralbank hinterlegen müssen.

Der Reservesatz wird von der EZB festgelegt. Er erhöht oder vermindert die Liquidität der Geschäftsbanken und stellt somit ein geldpolitisches Instrument des Staates dar. Mindestreserven dienen zur Steuerung der Nachfrage der Geschäftsbanken nach Zentralbankgeld.

Welche Vorteile hat der Staat durch Existenzgründer?

- Einzug von Gewerbesteuern (Kommunen)
- ggf. Schaffung neuer Arbeitsplätze
- ggf. Steigerung der Steuereinnahmen
- Entlastung der gesetzlichen Sozialversicherungen

Außerdem: Kammern erhöhen ihre Mitgliederschaft und damit verbunden die eingenommenen Beiträge.

Wie lauten die zwei Stufen, die im Gewährleistungsfall gelten?

Der Gewährleistungsfall (§ 437 BGB) wird in zwei Stufen unterteilt:

1. Stufe
Der Verkäufer hat ein Nacherfüllungsrecht (Ersatzlieferung oder Nachbesserung gemäß § 439 ff. BGB), ohne das Vorliegen einer Schuld.

2. Stufe
Nach erfolgloser Fristsetzung bzw. Nacherfüllung hat der Käufer ein Recht auf Rücktritt vom Kaufvertrag oder Minderung des Kaufpreises.

Welche Rechte hat der Käufer bei Lieferverzug und welche Rechte hat der Verkäufer bei Zahlungsverzug?

Bei **Lieferverzug** hat der Käufer folgende Rechte:

- Lieferung der Ware
- Schadensersatz statt Leistung
- Rücktritt vom Vertrag

Bei **Zahlungsverzug** hat der Verkäufer folgende Rechte:

- Zahlung (unter Umständen mithilfe eines Mahnbescheids)
- Schadensersatz statt der Leistung (hier muss dem Verkäufer tatsächlich ein Schaden entstanden sein.)
- Rücktritt vom Vertrag

Ist Kaltakquise am Telefon erlaubt?

Nein. Am **Telefon** darf **nichts verkauft** werden, es sei denn der Kunde hat vorher zugestimmt, dass er angerufen werden darf. Der Verkäufer darf überdies seine Telefonnummer nicht unterdrücken.

Ein Kunde bittet einen Lieferanten um ein Angebot. Der Lieferant erstellt ein Angebot, der Kunde bestellt daraufhin die im Angebot angegebenen Waren.

Wann genau kommt der Kaufvertrag zustande?

Bei der Bestellung der Waren.

Was bedeutet Rechtsfähigkeit?

Rechtsfähig bedeutet, **Träger von Rechten und Pflichten** zu sein. Dann müssen sich natürliche und juristische Personen an Vorschriften (Gesetze, Verordnungen etc.) halten und können Rechte einfordern (schlimmstenfalls vor Gericht klagen).

Natürliche Personen (also Menschen) sind mit der Vollendung der Geburt rechtsfähig. Ein Baby im Mutterleib ist also noch kein Träger von Rechten und Pflichten.

Juristische Personen (sind nicht menschlich, z. B. Firmen) werden durch die Eintragung in ein Register (z. B. Handelsregister) bzw. durch gesetzliche Regelungen rechtsfähig. Eine GmbH wird zum Beispiel mit Eintragung in das Handelsregister voll rechtsfähig.

Wie verläuft eine Privatinsolvenz?

Wenn sich ein Privatmann verschuldet, bleibt manchmal nur die **Privatinsolvenz**: Sie verläuft in folgenden Schritten:

1. Außergerichtlicher Einigungsversuch

2. Schuldenbereinigungsverfahren am Amtsgericht

3. Restschuldbefreiung

Was ist eine Arbeitsgemeinschaft (Arge)?

Für größere Projekte, die von einem Unternehmen nicht alleine zu bewältigen sind, werden häufig **Arbeitsgemeinschaften** gebildet, bei denen Unternehmen der gleichen Branche für eine bestimmte Zeit projektbezogen zusammenarbeiten.

Die Unternehmen bleiben hierbei rechtlich selbstständig.

Wie ist die Haftung bei einer GmbH geregelt?

Die Haftung ist auf das **Gesellschaftsvermögen** beschränkt.

Das Privatvermögen der Gesellschafter bleibt unangetastet.

Was ist ein Geschäftsprozess und welche Arten von Geschäftsprozessen werden unterschieden?

Ein Geschäftsprozess ist die **Aneinanderreihung von mehreren, hintereinandergeschalteten Aufgaben** in einem Unternehmensbereich zur Erreichung eines bestimmten Zieles.

Man unterscheidet:

- Kernprozesse
- Unterstützungsprozesse
- Führungsprozesse

Welche Pflichten hat ein Arbeitnehmer laut BGB?

Pflicht zur

- Arbeit
- Treue
- Gehorsam
- Verschwiegenheit (Wahrung der Betriebsgeheimnisse)
- Wettbewerbsbeschränkung

Welches Gesetz regelt in Deutschland insbesondere die gewerbliche und kaufmännische Berufsausbildung in einem Betrieb?

Das Berufsbildungsgesetz (BBIG).

Das BBiG (vgl. § 1) unterscheidet hierbei zwischen:

- Berufsausbildung (= Erstausbildung)
- berufliche Fortbildung
- Umschulung
- Berufsvorbereitung

Welche Inhalte muss ein Berufsausbildungsvertrag beinhalten?

Laut BBiG muss ein **Berufsausbildungsvertrag** folgendes beinhalten:

1. Art der Ausbildung, Beginn und Dauer der Ausbildung
2. Probezeit
3. Höhe der Ausbildungsvergütung (angemessen, im Krankheitsfall 6 Wochen weiterbezahlt, danach wird es durch das Krankengeld ersetzt, Vergütung spätestens am letzten Tag des Monats
4. Urlaubstage (mind. nach den gesetzlichen Regelungen)
5. tägliche Arbeitszeit (mind. nach den gesetzlichen Regelungen)
6. ggf. Angaben zu überbetrieblichen Maßnahmen zur Ausbildung
7. Kündigungsbedingungen (mind. nach den gesetzlichen Regelungen, die für die Berufsausbildung gelten)

Wie lautet die für einen Arbeitsvertrag geltende gesetzliche Kündigungsfrist für Arbeitnehmer und Arbeitgeber?

Laut **gesetzlicher Kündigungsfrist** (§§ 622 ff. BGB) kann ein **Arbeitnehmer** mit einer Frist von 4 Wochen zum 15. oder zum Ende des Kalendermonats kündigen.

Für den **Arbeitgeber** gelten Fristen von 1 Monat bis zu 7 Monaten zum Monatsende, je nachdem, wie lange der Mitarbeiter in dem Betrieb beschäftigt war.

Basis-Lernkarten Wirtschafts- und Sozialkunde

Technische und verwandte Berufe, Thema: Unternehmen & Verbraucher in Wirtschaft & Gesellschaft

Was ist das Minimal- und das Maximalprinzip?

Ausgehend vom Gedanken des **Homo Oeconomicus**, dass ein Mensch wirtschaftlich handelt und versucht, das Beste und Meiste „herauszuholen", gibt es das Minimal- und das Maximalprinzip:

Minimalprinzip: eine bestimmte vorgegebene Menge mit möglichst wenig Mitteln zu bekommen. Beispiel: Ich möchte ein Notebook kaufen und hierfür so wenig wie möglich ausgeben.

Maximalprinzip: mit gegebenen Mitteln möglichst viel zu bekommen. Beispiel: Ich habe 100 Euro und möchte hiervon so viele Kleidungsstücke wie nur möglich einkaufen.